圖書在版編目(CIP)數據

西力東漸史 ／ 馮承鈞著．—鄭州 ：河南人民出版社，
2016．4(2017．1 重印)
(民國專題史叢書 ／ 周蓓主編)
ISBN 978－7－215－10047－3

Ⅰ．①西… Ⅱ．①馮… Ⅲ．①侵華－史料－西方
國家②抗日戰爭－史料－中國 Ⅳ．①K250．6②K265．06

中國版本圖書館 CIP 數據核字(2016)第 079794 號

河南人民出版社出版發行
(地址：鄭州市經五路 66 號　郵政編碼：450002　電話：65788063)
新華書店經銷　　河南新華印刷集團有限公司印刷
開本 710 毫米×1000 毫米　1／16　印張 13．75
字數 210 千字
2016 年 4 月第 1 版　　2017 年 1 月第 3 次印刷

定價 ：88．00 圓

出版前言

中國現代學術體系是在晚清西學東漸的大潮中逐步形成的。至民國初建，中央政治權威進一步分散和削弱，加之新文化運動帶給國人思想上的空前解放，新學的啓蒙，新知識分子的産生，民國學術如草長鶯飛，進入一個自由而蓬勃的時代。中國傳統學科乃中國學術之根基與菁華所在，民國學人采用『取今復古，别立新宗』之方法，引入西方的學術觀念，積極改造，使史學、文學等學科向現代學術方向轉型。此外，大力推介西方社會科學的新學科和自然科學，在學習、借鑒乃至移植西方現代學術話語和研究範式的過程中，逐漸建立中國現代學科，使中國的學科門類迅速擴展。一時間，新舊更迭，中西交流，百花齊放，萬壑争流，開創了中國現代學術的源頭。

伴隨知識轉型和研究範式轉换而來的，還有學術著作撰寫方式的創新。中國古代的著作向來以單篇流傳，經後人整理匯編後，方以成册成集的面目出現并持續傳播。直到十九世紀末，東西方的歷史編撰體裁不外乎多卷本的編年體、紀傳體和紀事本末體等，章節體的出現標志着近代西方學術規範的産生和新史學的興起。章節體具有依時間順序，按章節編排；因事立題，分篇綜論；既分門别類，又綜合通貫的特點。以章、節搭建起論述之框架，結構分明，邏輯清晰，較傳統的撰寫體裁容量大、系統性强。它的傳入，使中國現代學術體系從内容到形式被納入了全球化的軌道。民國時期專題史的研究、譯介、編纂、出版恰恰是在這樣的背景下欣欣而發，是學術的實驗場，也是歷史的記録儀。編選『民國專題史』叢書的初衷正是爲了從一個側面展示中國學術從傳統向現代過渡的歷史進程。

專題史是對一個學科歷史的總結，是學科入門的必備和學科研究的基礎，也是對一個時代艱深新鋭問題的解答，是學術研究的高點。民國專題史著作中，既包含通論某一學科全部或一時代（區域、國别）的變化過程的，又囊括對一時代或一問題作特殊研究的，還有少部分是對某一專題的史料進行收集的。原創與翻譯并重，翻譯的底本大多選擇該學科的代表著作或歐美大學普及教本，兼顧權威性和流行性，其中日本學者的論著占據了相當比重。日本與中國同屬東亞儒家文化圈，他們在接納西方學術思想和研究模式時，已作了某種消化與調適，從思維轉换的角度看，更便于中國借鑒和利用，他們的著作因而被時人廣泛引進。

與當代學術研究日趨專業化、專門化、專家化的『窄化』道路迥乎不同的是，中國傳統學術崇尚『學問主通不主專，貴通人不尚專家』的通識型治學門徑，處于過渡轉型期的民國學術在不同程度上保留了這種特徵。民國學術大師諸學科貫通一脉、上千年縱横捭闔之功力自不待冗言，外交家著倫理政治史、文學家著哲學史、化學家著戰争史等亦不乏其人，民國專題史研究呈現出開放、融通、跨界撰述的特點。與此同時必須看到，自晚清以來，中國的命運就在外侮屢犯、内亂頻仍的窘境中跌宕彷徨，民族存亡仿若命懸一綫。這股以創建學科、總結經驗、解决問題爲指歸的專題史出版風潮背後，包裹着民國學人企望以西學爲工具拯民族于衰微的探索精神，及以學術救亡的愛國之心。梁任公曾言：『史學者，學問之最博大而最切要者也，國民之明鏡也，愛國心之源泉也。』這種位卑未敢忘憂國的歷史使命感和國民意識是今人無法漠視和遺忘的。

『民國專題史』叢書收録的範圍包括現代各個學科，不僅限于人文社會科學，學科分類以《民國總書目》的分科爲標準，計有哲學、宗教、社會、政治、法律、軍事、經濟、文化、藝術、教育、語言文字、中國文學、外國文學、中國歷史、西方史、自然科學、醫學、工業、交通共19個學科門類。本叢書分輯整理出版，内不分科，單本發行，方便讀者按需索驥。既可作爲大專院校圖書館、學術研究機構館藏之必備資源，也可滿足個人研讀或興趣之收藏。

與目前市場已有的一些專題史叢書相比，『民國專題史』叢書具有規模大、學科全、選本精、原版影印的特點。本叢書選目首重作者的首創、權威和著作影響力，尤其注重選本的稀見性。所謂稀見，即建國後没有再版，且多數圖書館没有收藏，或即便有收藏，也是歸于非公開的珍本之列予以保存，普通讀者難以借閲。部分圖書雖有電子版，但作爲學術研究的經典原著讀本，紙質版本更利于記憶和研究之用。本叢書精揀版本最早、品相最佳的原版圖書作爲底本，因而還具有很高的版本收藏價值。

『民國專題史』的著作是民國學者對于那個時代諸問題之探究，往往有獨到之處，無論其資料、觀點短長得失如何，要之在中國現代學術史的構建與發展進程中，自有其開宗立論之地位。

序

西力東漸爲東亞歷史之一大變局，先是中國以自有之文化與物資而能自給自足，葡萄牙人東來，耶蘇會士繼至，西學西法並輸入中國，奇器異物踵至，物質需要因是增加。始明之萬曆，迄清之乾隆，流行中國垂二百年；耶蘇會廢止，西士旋絕跡於欽天監，東西互市僅限於廣州一隅，迄於鴉片戰爭，情形如是。則在鴉片戰爭之前，東漸者實爲西敎西學，質言之，智力，而非武力。葡萄牙人雖借居澳門，對於中國尙恭順；荷蘭人雖有圖謀，終不免於失敗；英之印度公司專營東方貿易時代，英商亦能就範，俄羅斯人自締結尼布楚條約以來，以外興安嶺至海之線爲界；則在十六七世紀之間，尙無所謂西力之表現也。有之實自鴉片戰爭始，而其動機乃肇於印度公司專利之取銷，故本編略述此戰以前之事蹟後，以鴉片戰爭爲西力東漸之濫觴。

當時中西文化迥不相同，雙方心理各異，鴉片戰爭原因固極複雜，要以彼此情形未能互相認識，彼此心理未能互相了解爲主因。南京條約締結，各國條約繼續訂立，迄於光緒初年，可謂條約締結時代。此時代間中國特與西力抗者，僅一「體制」蓋中國自尊之心未已，自視尙爲以德服人之天朝，對於船堅砲利之西人，仍以夷狄目之。既不知彼 且不知己，一有外患，當局者張皇失措，局外者高調競鳴，主戰主守主和之說不一，結果得失不待言也。百年以來僅在越南事件中損失較微，其故乃在謀國外交當謀亦亂

顧當條約締結時代　西人尙不大明瞭中國虛實　除俄人外　亦不過得寸進寸而已　後見中國病夫之病勢日顯　遂乃爲所欲爲　開始削我藩籬　繼而租借港灣　門戶洞開　侵及堂奧　是爲西力侵蝕時代

外侮日深　稍有血性者必圖自强　於是有戊戌變法與庚子之亂發生　前者爲維新人物之反應　惜不合時宜　甫逾百日而夭折　後者爲愚夫愚婦之蠢動　遺害及於後世　若夫日俄戰爭外蒙事變　莫不受其影響　是爲反應圖存時代

西力東漸之道途或循海　或導陸　循海者以英人之勢爲最强　開始擊破中國門戶者卽是英人主持之鴉片戰爭　苟無此戰　不僅海疆西力侵入不能若是迅速　而且陸地之俄人方苦於冬冰夏霧行將退走　則璦琿事件之遠因　亦爲鴉片戰爭也　海上侵入之西力　目的在於通商　陸上侵入之西力　目的在於削地　俄人熟悉中國情形　是能知己知彼者也　除在民國十八年邊境小有衝突外　從未與中國兵戎相見　而所得中國之地　較任何國家獨多　如璦琿伊犂外蒙等事件中　所得之地動輒數十百萬方里　是以本編以鴉片戰爭起　以外蒙事變終　外蒙既然蘇維埃化　已成東亞赤化之中心　或爲未來戰爭之導火線　其害不除　北徼終無安寧之日。所望東亞民族及時團結共去此害　則此西力東漸史之後　或有東力西漸史之成編　余將秉筆待之　民國二十三年六月二十八日馮承鈞識

西力東漸史目錄

卷首　緒說

一　葡萄牙人東來前之東西交通

西力之東漸，實始於東西航道開闢以後，葡萄牙人東來之時。然在是時以前，東西交通，歷年久矣。戰國時代，亞力山大之東侵，曾抵藥殺水南岸之霍闡，(Khojend)。當時希臘人之地理知識，僅知葱嶺之東有一大河，商隊遠達之地有一城名 Daxata，似指敦煌，尚未知其東更有秦國也。二百年後，漢武帝在位時，遣張騫使大月氏，始聞西方有國名曰犂靬。又逾三百年，至桓帝延熹九年，(一六六)大秦王安敦(M.A. Antoninus)遣使自日南徼外來獻異物，是爲大秦國名初見載籍之始。第據德效騫 (Homer Dubs)之說，元帝建昭三年 (前三六) 陳湯討郅支單于時，已早與郅支所部之羅馬士卒相接觸矣。總之漢時已知有大秦國，質言之卽羅馬帝國。惟嗣後交通無常者，蓋被阻遏於依蘭高原也。後漢書西域傳云：「大秦王欲通使於漢，而安息欲以漢繒綵與之交市，故遮閡不得自達」。和帝永元九年，(九七)「都護班超遣甘英使大秦，抵條支，臨大海。欲度，而安息西界船人謂英曰：海水廣大，往來者逢善風三月乃得度，若還遲風亦有二歲者，故入海人皆齎三歲糧。海中善使人思土戀慕，數有死亡者。英聞之乃止」。當時販運繒綵，大概沿塔里木河阿母河西行，經過依蘭高原而抵波斯灣北岸之 Hira ，從此登舟赴紅海北岸之 Elath ，復由陸地運至 Beryte，然後用海舟分運地中海沿岸諸港。安息人欲壟斷繒綵之利，故以言懾甘英，而不使之逕通羅馬。嗣後歷主依蘭高原之種族，無論爲薩珊，爲大食，其政策皆同。所以元明以前，中國與歐羅巴洲諸種族認識，皆不甚審。

降至隋代，此來歷不明之「大秦」又易新稱，而名之曰拂菻，首見裴矩西域圖記。波斯大食人名羅馬曰 Rum，名基督教徒曰 Rumi，疑爲拂菻譯名之對音。至若元代之富浪，佛郎，明代之佛郎機，乃波斯語歐羅巴人之稱。以此證之，足見東西之認識，仍爲伊蘭高原人所介紹。有唐一代，大食帝國疆域，西起地中海，東抵拔汗那，東西交通之陸道，既爲大食人所阻遏，海道貿易亦爲大食人所壟斷。降至有宋一代，情形亦同。至蒙古帝國建設以後，東西交通，始稍接近，教宗與法蘭西國王皆曾遣使者至東方晉謁大汗，雖皆不得爲領，然多留有行記，以備參考，其中最著名者爲馬可波羅行記。天主教亦於此時開始傳佈中國；北方之大都，南方之泉州，並爲當時有名教區。元亡以後，繼以帖木兒帝國之建立，東西交通遂又阻遏，中斷者二百餘年。降至十六世紀初年，葡萄牙人東來，海道交通遂開。

二 海道西力之侵入

在葡萄牙人東來以前，印度洋沿岸諸港，幾盡屬於回教國家。永樂三年（一四〇五）至宣德八年（一四三三）間，鄭和七奉使，歷游諸國，惟其寶船未繞非洲西岸，故未能發現歐洲。一四九七年葡萄牙人甘馬（Vasco da Gama）東來，進至古里（Calicut），東西航道遂通。一五一一年葡萄牙人復東進，佔領滿剌加國（Malakka）。一五一四年葡船曾至廣州，然未登岸。一五一七年葡船大隊進泊屯門島，以一船溯珠江而達廣州，鳴炮致敬。東西洋考卷五引廣東通志云：「佛郎機素不通中國，正德十二年（一五一七）駕大舶突至廣州澳口，銃聲如雷，以進貢爲名。撫案查無會典舊例，不行，乃退泊東莞南頭，蓋房樹柵，恃火銃自固」。即指此事。未幾葡船退去，僅留使臣皮萊思（Pires）赴京朝貢。正德十六年（一五二一）使者抵京，以表文不如式，遣送使者回廣州。先是兩年前復有葡船進至屯門，刼奪財貨，掠賣子女，並於島內建築堡壘，以示據有此島之意。並於其地縊死水手一人，行爲殘暴，守吏惡之，逐之出境。事後皮萊斯回至廣州，被投諸獄，越二年，斃於獄中。嘉靖元年，（一五二二）葡人復以舟至，請求互市，指揮柯榮等擊破之，擒斬數十人，餘衆遁去。是役也，獲其火炮，而不能用。自是以後，居留寧波漳州之葡萄牙人，皆被驅逐出境。當時中國對於葡萄牙驅而絕之者，因其不恭順而行爲殘暴，非欲禁絕互市，觀嘉靖八年（一五二九）廣東巡撫林富疏語可以知之。天下郡國利病書卷一二〇所誌最詳，明史卷三二五佛郎機傳節引其文云：「粵中公私諸費，多資商稅，番舶不至，則公私皆窘。今許佛郎機互市，有四利：祖宗時諸番常貢外，原有抽分之法，稍取其餘，足供御用，利一。兩粵比歲用兵，庫藏耗竭，藉以充軍餉備不虞，利二。粵西素仰給粵東，小有徵發，即供辦不前，若番舶流通，則上下交濟，利三。小民以懋遷爲生，持一錢之貨，卽得展轉販易，衣食其中。利四。助國裕民，兩有所賴，此因民之利而利之，非開利孔爲民梯禍也，從之。自是佛郎機得入香山澳爲市」。至若葡萄牙人獲居澳門之原因與時代，其說不一，要以澳門紀略卷上所持之說爲近眞：「三十二年（一五五三）番舶託言舟觸風濤，願借濠鏡地暴諸水漬貢物，海道副使汪柏許之。初僅茅舍，商人牟奸利者，漸運瓴甓榱桷爲屋，佛郎機遂得混入。高棟飛甍，櫛比相望，久之，遂爲所據。蕃人之居澳自汪柏始」。自是以後，歐洲民族，遂在中國海岸得一根據地；一方爲貿易之要港，一方爲傳教之中心。耶蘇會士之來華者，在其初期，莫不先蒞澳門。

葡萄牙人發現東方航路之後不久，效力於西班牙國之葡萄牙人馬哲蘭（Magellan）亦於一五二〇年從西方繞地球一週而蒞南海。後西班牙人據呂宋，亦謀與中國互市，常遣船舶至厦門並派傳敎師至福建。然自知其勢遠不如葡萄牙人，故亦不欲與之競逐也。

荷蘭佔領東印度群島後，於一六一九年，建都於咬𠺕吧，（Kalapa Batavia）。一六二二年遣艦隊赴中國，請求通商，並謀在中國海中求一根據地，或奪據葡萄牙人所居之澳門，或佔領澎湖諸島。艦隊進至澳門，攻之不克，引去。已而進佔澎湖，建築堡壘，爲久居計。同時遣使率三舟赴泉州，請求通商，並請勿與呂宋之西班牙人互市。閩省大吏命荷人退出澎湖，徙居臺灣，然後通商，荷人乃揚帆去。由是於一六二四年佔據臺灣，建臺灣赤嵌二城。越二年，西班牙人亦佔據臺北，而在基隆淡水建築堡壘。一六四二年皆被荷人攻下。自是以後，荷人獨據臺灣，迄於順治十八年（陰歷十二月二十四，陽歷一六六二年二月十二日）鄭成功之奪據。荷人雖不得志於東方，然將葡人所據沿途諸要港奪取殆盡，僅餘臥亞（Goa）澳門二港，屬於葡人，但葡人在中國仍保存其原有之優勢，而爲其他諸國所不及。至十八世紀始有英吉利人爲勁敵。

英吉利人之來也較晚，一六三四年其艦隊首次駛入虎門。守者攻之，英艦還擊，奪一小壘。惟英商爲華兵所俘，英統將求葡萄牙人轉請釋放，乃揚帆去。葡萄牙人恐英吉利人奪商業權利，常進讒言於中國官憲，而中傷之。由是英吉利人之對華商業，無由發展。當時只許在中國一處互市，英吉利人既不得志於廣州乃謀向臺灣廈門寧波尋取通商港口。終於一六八四年經葡萄牙人之許可，獲居澳門。一七〇二年英國兩大公司合併，而爲東印度貿易公司，獨專英人在華貿易之利。自是迄於一八三四年公司專利之廢止，英人在華商業，皆操自公司之手。當時外人與中國貿易，須經公行之手，公行之成立，約在康熙五十九年，（一七二〇）凡貨物須經公行之手，中外商業當然受其操縱。有限行佣之外，尚有無窮之開銷，英商苦於納費之重，漏規之多，英國政府乃於乾隆五十八年，（一七九二）遣派馬戛爾尼（Macartney）爲大使來華，請求在舟山寧波天津等地貿易，設商館於北京，減輕廣州澳門入口稅額。雖於次年覲見皇帝於熱河，進呈禮物六百箱，然被中國視爲貢使，不得要領而去。嘉慶二十一年（一八一六）所派之使臣，竟因跪見問題未決，不獲覲見而去。當時英國對華商業，雖受種種阻難，然不防礙其商業發展。緣英國飲茶之風盛行，而印度鴉片之輸入中國，亦日見增加也。

三　陸道西力之侵入

葡萄牙西班牙荷蘭英吉利等國，謀佔海上貿易之利，既皆未達目的，同時俄羅斯人東進中國邊境，亦謀佔陸上貿易之利，在黑龍江北岸建築雅克薩城。康熙二十四年（一六八五）中國隳其城，盡俘其居民，送之北京。俄人復建新城，中國遣軍圍攻，未下，同時俄國遣使臣詣邊定界，請先釋雅克薩之圍，許之。二十八年（一六八九）與俄締結尼布楚條約，以格爾必齊河與大興安嶺以至於海之線爲界。其中最重要之條文，則允許俄國商民自由貿易，惟須領有路票而已。當時和議幾致決裂，賴有耶蘇會士張誠（Gerbillon）等爲譯人，從中調處，俄人始允讓出雅克薩等地，條約因以成立。是爲中國與歐羅巴洲之一國首訂之約。

大彼得時代（一六八九—一七二五）黑龍江兩岸既屬中國，只能向東北進展，一六九〇年進至堪察加半島。然改訂疆界之心未已，於是數遣使至中國，皆不得要領。迨至一七二七年，俄國皇后迦特林（Catherine）以即位事，遣使告中國，新約於是成立，是爲恰克圖條約。此約設立兩國貿易疆界地，俄商進京人數，仍如尼布楚條約，每次不得過二百人，三年進京一次。其第五條許俄人在京設堂傳教；然滿文條約，譯教堂爲佛寺，教師作喇嘛，蓋雍正年間基督教適在被禁之列也。

但俄羅斯人在鄂霍次克海岸覓得之港，冬日結冰，而陸道通伊爾庫資克之道途，亦崎嶇難行，勢非取得容易航行之黑龍江水道不可。一八〇五年，俄帝遣使赴京，請許兩國邊界皆得貿易自由，入京商隊，不得有所留難，並請許在黑龍江中自由航行。使臣行抵張家口，亦因覲見跪拜問題，中途折還。同時俄國艦隊至廣州請求互市，亦被拒絕。鄂霍次克海一帶之地，不能屯重兵，而屯戍者苦於冬冰夏霧，多致病死。俄國政府在鴉片戰爭前，且有放棄東亞之意。

四　耶蘇會士之來華

蒙古時代之天主教，因元亡被禁止，而陸道因帖木兒帝國之建立，亦被隔絕，天主教士遂絕跡於中國。其後重再建設教會者，蓋爲耶蘇會士。前二章所言葡荷英俄等國，僅恃船堅炮利，或爲通商或爲拓地，而爲侵入，於西方文化之輸入，毫無貢獻也。耶蘇士則不然，其來也固爲佈教，然蒞華以後，輒以學術博朝廷士大夫之同情，因是所謂「西學」賴以輸入，於天文曆算地理機械，甚至音樂繪圖建築園藝等各方面，影響於中國者，至深且巨。始於一五八〇年利瑪竇（Matteo Ricci 一五五一—一六一〇）之來華，抵於一七七三年耶蘇會之解散，西學流行中國者，殆二百年。

會士最先來華，而最知名者，有利瑪竇湯若望（Adam Schall 一五九一—一六六六）南懷仁（Verbiest 一六二三—一六八八）諸人。利瑪竇意大利人，入華後衣華服，冠中國姓名，後來者悉遵之。初傳教於廣東，後赴京表進貢物。學者從之遊者有徐光啓，李之藻；撰述十餘種，其最著名者爲歐几里得（Euclide）幾何原本前六卷之譯文，與屢繪作之萬國輿圖。其後同國人艾儒略（Julles Aleni）撰職方外紀六卷，中國士大夫對於世界大勢因之愈明。湯若望日耳曼人，入京後製天文儀器，並鑄戰炮多門。清朝入關，任之爲欽天監監正，世祖頗寵任之，賜號通玄教師。所撰曆算之書二十餘種，淸初廢回回曆法，而用西洋曆法，蓋其力也。南懷仁比利時人，繼湯若望爲欽天監正，頗得聖祖信任，命人授懷仁滿語，常命之講授天算音樂，製造種種機械。三藩之亂，命之改築新炮，平亂頗賴其力。撰述數十種，以坤輿圖說最知名，曾譯歐几里得幾何前六卷爲滿文。

西學之輸入，雖經初期耶蘇會士開其端，而發揚光大者，要爲後期繼至法蘭西諸會士之功。南懷仁在世時，曾致書法蘭西國王，請派教士來華傳教。當時法國國王適命人作廣大輿地調查，而缺乏測繪中國印度兩地輿圖之人選，於是派法國耶蘇會士六人，携帶數學天文儀器，隨同往使暹羅之使臣東邁。其中一人爲暹羅國王挽留，餘人乘舟赴中國。當時葡萄牙人專有東方保教之權，不欲法國教士入中國，禁止法國教士入澳門，法國教士遂改至寧波登陸，一六八八年抵京。締結尼布楚條約之張誠（一六五四—一七〇七）卽在此次被派之列。中俄交涉時，俄國欲得黑龍江北之地，中國則欲俄人退處色楞額以西，雙方堅持不讓，會議幾至破裂。誠往說俄使，使之退讓，和議遂成。後曾扈從聖祖親征噶爾丹。隨帝赴塞外凡八次，撰有塞外扈從行記，滿語綱要等篇。一六九八年第二次派來中國之法國會士十人，中有雷孝思（Jean Regis 一六六三—一七三八）於測繪中國輿圖，用力最勤。康熙四十七年（一七〇八）聖祖命孝思等測繪中國輿圖，五十七年（一七一八）圖成進呈。雍正三年（一七二五）又命孝思等測繪陝西裏海間輿圖。前一輿圖中文本題曰皇朝輿地全圖，光緒二十年（一八九四）尚有新版。法國會士又有蔣友仁（Michel Renoit 一七一五—一七七四）者，曾製造圓明園噴泉，蓋以精通水法著名者也。其人並曾爲一統輿圖雕刻銅版。同治二年（一八六三）武昌重刻之皇朝中外一統輿圖似爲此圖翻刻之本。近年此類銅板已在故宮發現。

此外精繪畫者，有意大利會士郎世寧（Castiglione 一六八八—一七六六）捷克會士艾啓蒙（Sichelbarth 一七〇八—一七八〇）法蘭西會士王致誠（一七〇二—一七六八）曾與奧斯定會士安德義（Damascene 歿於一七八一）繪畫平定準部回部得勝圖十六幅。圓明園之西式建築，世寧曾參與設計。餘若通曉其他各科學術者，莫不有之，會士錢德明（Amiot 一七一八—一七九三）信扎曾云：「供奉內廷之西士，凡事皆應知之。內庫中如有何種機械、何種器物，何種礦石，何種藥材，不知其名，而不識其用者，必詢之吾輩。如有外國進呈異物，而無人能識，亦必詢之吾輩。一似供奉內廷之法蘭西人或歐羅巴人名義，有如備知外國一切異物之市招也」。

不幸禮儀問題起，耶蘇會在一七七三年被解散，而繼其後之遣使會，未能承繼其事業，致使溝通中外文化之事業中斷。否則後日之種種事變，容或有如張誠輩之斡旋於其間，而化干戈爲玉帛歟？

卷一　條約締結時代

第一章　鴉片戰爭

鴉片戰爭爲中西交際之一大關鍵。戰爭以前，中國待遇外國人不平等，戰爭以後，外國亦以不平等待中國。此戰原因複雜，其主要原因，蓋爲中外心理未能互相了解，而各行其是。

清初對於外國貿易，未嘗禁止。康熙二十三年（一六八四）開江，浙，閩，廣，海禁，於雲山，寧波，漳州，澳門，設四海關。嗣以「西洋人雜處內地，在各省建築天主堂，邪敎徧行，關見漸滸」。遂定外人居住貿易之地，僅限廣州一隅。然不無洋船私到他省海岸者，乾隆二十二年（一七五七）又申禁洋船不准收泊浙海，有駛至者，仍令回粵貿易納稅。則在鴉片戰爭以前，外人互市之地，除澳門外，僅限廣州一隅而已。當時中外貿易，必須經過行商之手，是卽廣州商人所組織之「洋行」。外商與中國官憲交涉，繳納課稅，買賣貨物，概以行商爲代理人。洋行之數，最多時有十三行，故人亦稱洋行曰十三行。此十三行商各以其房屋稅賃外商居住，而名之曰商館。粵官之管理外人也，限制極嚴。道光十五年（一八三五）兩廣總督盧坤等有防範「夷人」章程八條：（一）外夷護貨兵船，不准駛入內洋；（二）夷人不得偷運鎗炮及私帶番婦梢人等至省；（三）夷船引水買辦，應由澳門同知給發牌照，不准私僱；（四）夷館僱用民人，應明定限制，不許額外多用；（五）夷人在內河駛用船隻，應分別裁節，並禁止不時閒遊，在館居住夷人，只准於初八，十八，二十八，三日在附近之花地海幢寺遊散一次，每次不得過十人，限申刻回館，不准在外住宿飲酒；（六）夷人具稟事件，應一律由洋商轉稟，不必自具稟詞；（七）洋商承保夷船，應認派兼用；（八）夷船在洋私賣貨物，應責成水師查拿，並咨沿海各省稽查，無論何省海船，置買洋貨，一律赴粵海大關請用蓋印執照，詳註洋貨數目，不准私買。

當時中國輕視外商，亦自有其理由。外商不盡端人，洋船水手，亦多敗類，時常酗酒毆鬬。犯罪者交由中國罰辦，外人則視刑罰過重，任其自辦，中國又視其刑罰太輕，時常因此發生誤解。外商每因獲得微末商業利益，不惜互相爭持，互相誹謗。加之中外禮俗不同，而又私販鴉片，是以中國稱之為夷人，不以平等待之。外商一方面對於粵省官商亦多不滿。道光十四年（一八三四）上諭云：「近來粵商頗多疲乏，官稅之外，往往多徵私稅。奸人又於其中關說牟利，層層朘削。甚有官商拖欠夷錢，盈千累萬，以至釀成釁端」[一二]

當時各國貿易，以英國額爲最巨，英國輸入貨物，以鴉片爲最多，幾佔全額價值半數以上。既不能在廣州以外求互市之地，於是用私販方法。道光十一年（一八三一）上諭有云：「洋船私帶烟土來粤於附近虎門之大魚山洋面另設夷船囤積，稱爲鴉片躉。並有夷目兵船，名曰護貨，同泊一處。勾通土棍，以開設錢店爲名，暗中包售烟土，呼爲大窯口。如省城之十三行，聯興街多有此店。奸商到店與夷人議價，立券爲憑，到躉交貨，謂之寫書。又有包攬走漏之船，名曰快蟹。來往如飛，呼爲插翼。其船星夜遄行，所過關津遇有巡丁追躡，竟敢施放槍炮。關吏莫敢誰何；又不報官懲辦，是以肆無忌憚。此種快蟹，見有一二百隻之多，凡由躉送貨至窯口者，皆係此等船包攬。各巡船通同作弊，按股分贓，包庇行私，其弊尤甚」。

先是鴉片原無禁止販賣吸食之例，嘉慶四年（一七九九）始禁販賣。私販既然盛行，每歲漏銀之數，與年俱增。據道光十八年（一八三八）黃爵滋奏云：「粤省奸商，勾通巡海兵弁，用扒龍快蟹等船，運銀出洋，運烟入口。故自道光三年至十一年，歲漏銀一千七八百萬兩；自十一年至十四年，歲漏銀二千餘萬兩；自十四年至今，漏至三千餘萬兩之多。此外福建、山東、浙江、天津、各海口，合之亦數千萬兩」。故至道光十八年嚴旨禁絕。當印度公司專營貿易之時，英商或能就範。乃公司專利，已在道光十四年（一八三四）取銷，英商貿易自由。同年，英政府派商業監督律勞卑（Lord Napier）來粵管理貿易。其初至也，不守舊章，逕乘兵艦至廣州，不由行商轉呈，直接呈遞致兩廣總督書信一函，用平行欵式，並寫大英國字樣，總督不收。行商訪律勞卑，說其改公函爲稟帖，律勞卑不可，雙方相持不下。總督盧坤乃以律勞卑擅至廣州，不守法令，迭諭行商通事，說其退出廣州，苟或拒絕，當受重罰。行商婉勸律勞卑暫歸澳門，初不肯從，其後律勞卑得瘧疾，歸死於澳門。當時中國不知其爲英國專使，而以尋常大班視之，由是中英交際，更加惡化。

朝廷既決定禁煙，乃於道光十八年，（一八三八）派兩廣總督林則徐爲欽差大臣，赴粵查辦。則徐於次年正月二十五日抵廣州，二月四日卽諭各國夷人呈繳煙土。其文略云：「諭到該夷商等，速卽遵照，將躉船鴉片，盡數繳官，由洋商查明共繳若干箱，造具淸冊，呈官點驗，收明燬化，以絕其害，不得絲毫藏匿。一出具夷字漢字合同甘結，聲明嗣後來船，永遠不夾帶鴉片，如有帶來，一經查出，貨卽沒官，人卽正法字樣」。並謂「若鴉片一日未絕，本大臣一日不回，誓與此事相終始，斷無中止之理」。英國領事義律，（Charles Elliot）始而不允，海關監督將各國貨船封艙，禁止貿易，義律乃稟復則徐，獻出鴉片二萬零二百八十三箱。則徐馳奏京師，宣宗諭其「率同文武官共同銷燬，俾沿海共見共聞，有所震讋」。則徐得旨，乃於海灘挑成二池，前設涵洞，後通水溝，先由溝道引水入池，撒鹽其中，次投箱中煙土，再拋石灰煮之，煙炭湯沸，夥粒悉盡，其味之惡，鼻不可嗅。潮退，啓放涵洞，隨浪入海，然後刷滌池底，不留涓滴。共歷二十三日，全數始盡銷毀。此種辦法，固足以大快中國人心，然不能使英人心服。英外相巴麥尊(Palmerston)致中國宰相書有云：「夫大清禁例，雖不准運來鴉片，尚經多年粵省官憲徇庇任縱，販賣鴉片之弊，爲所週知也。況該官憲自總督以下，任徇外國人等，販賣鴉片，年受規銀，厚得利益矣。且近來該官憲違法，將泊零汀洋面外國之鴉片，裝載舟師入口，不法至此極矣。試問京師御政知此弊否」？再者商人重利，而英國人好自私，豈有甘心放棄鴉片二萬餘箱之理。當時固有每箱鴉片賠以茶葉五斤之舉，價格懸殊，所以鴉片繳清後三日，義律率英商退出廣州而赴澳門。並具禀則徐謂：「船隻入港，須候本國訓令，如許於澳門裝貨，則感戴靡旣」。乃不肯商議通商章程，拒領茶葉，此後凡有批諭，皆不接收。未幾林維喜案發生，交涉愈困難。惟義律禁止貿易，英商損失甚鉅，思改變其方策，林則徐新奉上諭謂不可冒昧憤事。雙方乃由葡萄牙人居中傳達，再行商洽。澳門同知將立昂與義律會商，義律答覆大意謂：「現泊尖沙嘴各船，倶請官憲搜查，若有鴉片，卽將貨船盡行沒官。嗣後在粵貿易夷人，與隨時來到之船，不論船主商人傭工夥計，倶令逐名出結，由義律加具印結，方准貿易。未出結者，不准開船，永久照此辦理。

如不認眞，必致自取咎戾」。惟林則徐謂「查覆所擬出結句，與新例尙不盡符」。於十九年十月奏又云：「所定具結之令，雖據義律勉强遵依，但不肯寫人卽正法字樣，反覆刁難，迄無定議」。故交涉迄無結果。

林維喜一案，乃外國水手於九龍口尖沙村中，棍殺林維喜而起。村人謂爲英人，粤官諭令義律交出罪犯，義律不收諭文。據則徐奏云：「據義律稱，審得五人酗酒，皆無兇殺之罪。又稱當日上岸滋事，亦有美利堅人，請再詳訪等語」。並謂：「義律又添寫說帖一紙，聲明懸賞洋銀二千圓，報知何人毆斃憑據，倘能發覺，卽會官憲代稟等情」。乃則徐竟遣兵駐於香山，以便控制澳門，禁給英人食料，撤退買辦工人，飭諭葡官驅逐英人。英人五十七家，迫而住於船上，深感不便，會軍艦一隻來粤，義律商於葡官，准許英人居住，由其保護澳門，葡官拒之。九月四日，義律帶船至九龍口岸，開槍殺人，强購食物而去。九月二十八日，英船有入口者，義律遣兵船追回，遂與中國兵船互相炮擊，由是中英遂不免於戰爭矣。

世界戰爭，名不正而足貽國家羞者，莫過於鴉片戰爭。英政府在國會宣言其宣戰之理由，乃在「獲取英國領事臣民所受凌辱虐待之昭雪，英國商人因威脅暴行所受損害之賠償，而保障自此以後在華之商人生命財產，不受凌辱虐待，商業在規正情況中行之」。對於鴉片一字，始終未所計及，然在歷史中仍不失其爲鴉片戰爭也。

英國決定宣戰後，以懿律（Gearge Elliot）爲正使，義律爲副，率戰艦十六，炮五百四十門，武裝汽船四，運輸船二十七，載兵二國共四千人，均歸懿律節制。英軍抵粵，其海軍指揮伯麥（Bremer）正式宣言，自一八四〇年（道光二十）六月二十八日起封鎖珠江。同月三十日，懿律根據本國政府命令，統率兵艦北上。七月五日，伯麥佔領舟山群島之定海，封鎖浙江海沿岸。時署定海縣知縣姚懷祥典史全福，不屈投水。定海鎮總兵張朝發等均革職定罪，浙江巡撫烏爾恭額等交部嚴議，革職留任，戴罪圖功。七月二日，英船命人投遞巴麥尊之公函，請求轉遞朝廷，浙撫不受。七月二十八日，英使等率艦北上，進至白河。八月十五日致公函於直隸總督琦善。要求：一、賠還貨價；二、凌辱領事一事，必須昭雪，以後英國所派駐華官吏必須尊重；三、割讓島地；四、賠還商欠。琦善初則以婉辭拒絕，其致懿律書略云：「煙價一節，當日呈繳之煙，原係違禁之件早經燒燬，如所稱凌辱抑勒各情，均係欽差大臣林等所爲。現在既須查明該大臣受人欺矇措置失當緣由，則前項煙價，又將著落何人賠繳。譬如貴國率領多兵，前赴定海占據城池，戕殺職官兵丁，其被害之人，貴統帥又豈起死者於九原，而各償其本身生命乎？又割讓海島以爲貴國貿易一節，查天朝與各國通商，本係格外施恩，但能恭順，概不拒絕。前因嚴禁鴉片，貴國不肯具結，是以不與通商。今旣欲照常貿易，自有向來互市地方。又文書往還一節，査貿易本係商人之事，卽使以後貴國由官員經理，亦只須與商人交涉，本無所用官員文檄」。其後又奏陳中英兩國形勢云：「現在天津、寧河等處海口，先已調撥重兵，安設多礮。而近時山東洋面，疊次望見夷船，是該夷行蹤叵測，必係往來通信，延之日久，勢必南北滋擾。天津拱衞神京，已屬扼要之區，且近接盛京，尤爲根本重地。欲求處處決勝，時時常勝，臣實不免隱存意外之虞。卽如江浙等省，所恃爲外衞者，原止長江大海。今海道已被該夷隨處游奕，長江又所在可通，是險要已爲該夷所據，水師轉不能入海窮追」。又云：「臣査該夷所恃者大礮，其所畏者亦大礮。山海關一帶，本無存礮，現飭委員等，在於報部廢棄礮位內，檢得數尊，尙係前明舊物，業已蒸洗備用」。是兩方形勢，灼然可見。琦善並謂英人聲稱煙價一節，祇求可以答覆國王，則定海之兵亦可先撤一半。而述英方則謂：「所請各條，未奉允准明文，旣須俟回粤聽候查辦，則定海各處兵船，未能卽撤。一面商洽，英方一面返舟南下」。爰是乃免林則徐職，以琦善代之。諭文有云：「自查辦以來，內而奸民犯法，不能盡淨，外而興販來源，未能斷絕。甚至本年英夷船隻，沿海游奕。福建、浙江、江蘇、山東、直隸、盛京等省，紛紛徵調，糜餉勞師，此皆林則徐辦理不善所致。林則徐鄧廷楨着交部分別嚴加議處。林則徐卽行來京聽候部議。兩廣總督着琦善署理。

乃英使等既至定海，會島中潮濕，士卒多病，乃率隊南下，回至廣州致書琦善謂：「前請各款，欲求照會辦理，並無多言」。英人並日增兵船陸續進入虎門。與琦善屢交涉，除賠還煙價，自二千萬降至七百萬外，更要求於福建之廈門，浙江之定海任意貿易，更須割讓香港。態度亦較在天津時强硬。惟琦善對割讓香港一事，初甚反對，其二十年（一八四〇）奏云：「訪得該夷求請地方，其所垂涎者，一係粵省之大嶼山，一係海島，名爲香港，均在老萬山以內，距澳門不遠。伏查大嶼山，袤延數百里，地居險要，早經建築砲台，設有守備。即香港亦寬至七八十里，環處衆山之中，可避風濤。如或給與，必至屯兵聚糧，建台築砲，久之必覬覦廣東，流弊不可勝言」。及一八四一年一月七日伯麥率艦隊，砲擊虎門外砲台，琦善以形勢迫急，增兵防守，至是沙角大角砲台被燬，水師亦敗。英方來文，限日答覆。琦善於同月二十日與義律訂和約四條：一、割讓香港；二、賠款六百萬元，分年交付；三、平等待遇；四、廣州於陰曆年後十日內開市。其時宣宗方下諭著琦善速令英方還定海沙角；復派奕山隆文楊芳，帶兵赴粵勦辦。及聞訂約，乃諭曰：「香港地方緊要，前經琦善奏明，旋又奏請准其廣東通商，給香港地方，泊舟寄居。前後自相矛盾。已出情理之外。況此事未奉旨允行，何以該督卽令公然占據。琦善著卽革職鎖拏，所有家產，卽行査抄入官」。

自是中英兩方，皆行主戰爭，奕山隆文等先後率兵至粵。五月二十一日英艦砲攻砲台，連戰四日，水師散失，人心慌亂，奕山大恐。二十五日，英軍又攻廣州。至是雙方又訂協定五款：一、將軍營兵於六日內離開廣州；二、賠款六百萬元，限七日內交付；三、款交後英艦退出虎門；四、賠償商館內之損失；五、香港割讓事件，俟異日協商。奕山乃自海關及商民籌賠款，而英兵遊行街市，大肆擾亂。粵人大憤，三元里人民樹平英團以自衞圖謀報復，英兵死者甚衆。義律馳援，困於重圍，知府余葆純慮敗撫議，救義律出。時三山佛山穿鼻等處鄉民，亦群起擊英兵英船，形勢甚盛。會英政府以義律未攻下廣州而割讓香港一事，久不得講，乃罷義律伯麥職，而以樸鼎查（Henry Pottinger）爲唯一全權公使，商業監督，派往北京使臣。八月十日抵粵，義律伯麥於同月二十四日回孟買。海軍少將巴爾克（Parker）亦隨樸鼎查來華，與奕山交涉無結果，遂謀北上。自是以後，戰事愈烈矣。

八月二十五，英軍抵廈門致書長官，要求獻出砲台城邑，總督顏伯燾主戰而敗，二十六日廈門失守。九月六日，英船開出廈門，留兵守鼓浪嶼，艦隊停泊於定海海面。二十六日，開始攻擊定海。兩江總督裕謙遣總兵葛雲飛，王錫朋鄭國鴻守定海。英艦至，三將戰死，定海再陷。十月八九日，英艦駛近鎮海，十日進攻，裕謙及提督余步雲力不能守，鎮海遂下，裕謙自殺。余步雲敗逃，而英軍仍前進，十月十四日英軍溯甬江而陷寧波。朝廷聞報，授奕經爲揚威將軍，規復浙東。奏調川陝河南新兵，募集江淮義勇，沿海亡命，以一八四二年二月抵杭州，攻取寧波，鎮海，定海，三月十日均大敗退。英兵自寧波於十五日進陷慈谿。浙撫劉韻珂力主和議。朝廷乃以耆英爲欽差大臣，起用伊里布隨耆英來浙籌防。五月英人以鎮海寧波之兵，於十八日攻擊乍浦，數日陷之。六月英軍進駛吳淞，其砲台守將陳化成戰死。十六陷吳淞。十九日英軍不戰而下上海。七月英船駛入長江，二十一日攻取鎮江。斷絕南北運河交通。計自一八四〇年七月五日，英人首次陷定海，迄於一八四二年，七月二十一日陷鎮江，英印兵死傷之數，五百二十人，而中國傷亡者，竟達兩萬。中國軍器士氣，皆不如人，而欲驅烏合之衆，與有紀律之兵相攻戰，其死傷宜逾敵軍四十倍也。

八月九日樸鼎查率英艦進至南京，朝廷大震，乃命耆英，伊里布及兩江總督牛鑑爲全權大臣，便於行事。八月十一日英將攻城，耆英伊里布等乃命布政使黃恩彤等持白旗往議和。十七日接受英國條件，意在使英國卽刻撤兵也。耆英等奏有云：「據該夷將通商輸稅各事宜，粗定條欵。迨詰以如果允准，所有兵船，是否卽行退出長江。該夷酋等聲稱，俟各欵議定後，先給洋銀六百萬元，伊等卽將所泊各船，全行退出吳淞口外，江寧京口等處，決不再有阻遏。惟鎮海之招寶山，廈門之鼓浪嶼及定海三處，須俟全銀付清，方肯退還等語」。朝廷得奏，至極憤懣，諭云：「覽奏忿恨之至。朕因億萬生靈所繫，實關天下大局，故雖憤悶莫釋，不得不勉允所請，藉作一勞永逸之計，非僅爲保全江浙兩省而然也」。惟諭中又謂「其前請之通商貿易五處，除福州地方，萬不可予，或另以他處相易外，其廣州、廈門、寧波、上海等處，均應准其來往貿易，不得占據久住」。雖耆英等向英爭辯，而英人堅執不允，有儻不准其所請，勢必復來相攻。故朝廷更有諭云：「朕惟自恨自愧，何至事機一至於此。於萬不得已之中，一切不得不勉允所請」。八月二十九日，耆英伊里布等與樸鼎查在英艦上簽訂條約，是爲南京條約。

此約爲尼布楚條約以後，中國與歐洲一國締結之重要條約。約文凡十三款，其主要者如下：開廣州、廈門、福州、寧波、上海五口爲通商口岸，許英國在各口設立領事，（第二款）；割讓香港；（第三款）；賠償煙價六百萬元；（第四款）；廢除行商，償還商欠三百萬元；（第五款）；賠償軍費一千二百萬元；（第六款）。此約在道光二十二年九月二十四日（一八四二年十月二十七日）經中國批准，而於一八四三年六月二十六日在香港互換。論者以爲販賣鴉片違反道德，曷不在訂約之時，列爲禁款？殊未知英國商貨輸入，鴉片佔全額總值半數以上，利之所在，決難禁止。又況南京城下之盟，祇有接受條件，而無折衝餘地，是以鴉片流毒，又百餘年，迄今害尚未已，可

第二章　戰後交涉

英國武力政策，既收效果，美利堅在粵之貿易額亦鉅，當然不能坐視。一八四三年五月八日遣顧盛（Gushing）爲特派公使來華，與地方官憲交涉，如能在北京締結條約，則以全權公使之名義執行。一八四四年二月二十四日抵澳門，擬入京覲見。朝命耆英赴澳，與之締結條約，內容皆仿南京條約，於一八四四年七月三日在澳門附近之望廈簽字，故名望廈條約。後於一八四五年十二月三十一日在廣州換文。

當時法國在華商業，不及英美遠甚，及見英國與中國訂約，亦不欲落他人後，遂遣前駐希臘公使剌萼尼（M. de Lagrene）爲專使，於一八四四年八月十三日抵澳門。同年十月二十四日與耆英在廣州黃埔江中之法國軍艦上簽黃埔條約。後於一八四五年八月二十五日在澳門換文。條約亦以南京望廈二約爲藍本。剌萼尼所奉本國訓令，僅在訂一與南京望廈二約相等之條約，並未涉及傳教事業也。然法使力請耆英廢除禁止華人信教之令，一八四四年十二月二十八日耆英覆文許之。又二年（道光二十六年正月二十五日）上諭曰：「前據耆英等奏學習天主教爲善之人，請免治罪。其設立供奉處所，會同禮拜，供十字架圖像，誦經講說，毋庸查禁，均已依議行矣。天主教既係勸人爲善，與別項邪教，迥然不同，業已准免查禁。此次所請，亦應一體准行。所有康熙年間各省舊建之天主堂，除改爲廟宇民居毋庸查辦外，其原舊房屋尚存者，如勘明確實，准其給還該處奉教之人」。自此以後，信仰天主教者，遂得自由。剌蕚尼與中國所訂之約，已越過其本國訓令之外，致在華教師咸稱之爲「中國傳教會之大恩人」。

繼三國之後，締結條約者，尚有二國：比利時國總領事 Lannay 於一八四五年七月二十五日在廣州與耆英簽訂通商協定；瑞典挪威專使 Liljevalch 亦於一八四七年三月二十四日在廣州與耆英簽訂修好通商條約，同年十一月二十八日經瑞典批准。

一八四六年四月英使德庇時（John Francis Davis）與中國根據南京條約，第十二款簽訂虎門協定。其第三款載明英兵退出舟山以後，中國不得以該島割讓他國。此約從未批准。賠欵交付以後，英兵遂退出舟山。

澳門雖日近衰微，自從英國宣佈香港爲自由港以後，遂一蹶而不振矣。

先是南京條約成立，英人多有煩言，以爲其中條欵，乃戰前之所期，而在戰後視之，所索未免過少，由是修改條約之議起焉。顧南京條約原來未定有期限，是中國方面稱爲「萬年和約」。

惟在望廈黃埔等約中，規定每十二年修改一次，因之英國援用最惠國待遇，而主張在一八五四年八月二十九日滿期，提議修改。蓋當時外人所求者有三事：一、使臣駐京；二、多開通商口岸；三、中國派遣使臣駐紮西洋各國。前二事至一八五八年天津條約與一八六〇年北京條約成立時，始達目的。後一事在一八七六年煙臺條約中，始有協定。

中美條約，應在一八五六年七月三日期滿，然在一八五四年時，英法美三國政府皆有訓令寄給各該國駐華公使，預備提出修改條約問題。惟一方面英美公使與二國海軍將領意見不一；一方面中有一國與俄羅斯戰事未了，其事因而停頓；蓋當時英法兩國舉其全力與俄國戰，無暇顧及東方也。遲至一八五六年三國公使始得藉詞。是年二月二十七日法國有一傳教師在廣西西林被殺，七月二十五日法國代辦顧思（de Courcy）向兩廣總督葉名琛提出抗議。同年十月八日，亞羅（Arrow）事件發生，英人亦獲有藉詞。亞羅是一香港駐册之海船，被中國官兵捕獲，將船中華籍水手十二名捕拿，並將英國國旗卸下。英國領事巴夏禮（Harry Parkes）一面對於葉名琛提出抗議，一面向駐在香港之駐華英使包令（Bowring）報告其事。十月十日總督答文謂亞羅乃華商之船，香港註册已逾一年期限，船中載有海盜，曾於九月六日在上川島截奪商船。巴夏禮致書粵督要求道歉，送還水手，限於四十八小時內答覆。及粵督將十二名水手送還，巴夏禮又以無道歉之文，拒絕不納。限期既滿，英海軍扣留中國官船一艘，二十三日奪取炮台四座；二十七日炮擊總督衙門，靖海門五仙門民房被焚；二十八九兩日又發炮攻城；十二月十四五兩日外國商館被焚。

同年十二月一日亞羅被捕消息達倫敦，英外交部長贊成巴夏禮之舉動，然國會反對者衆。一八五七年三月三日國會表決，贊成政府者少數。首相巴麥尊解散議會，新議會贊成政府政策。三月二十八日，英政府召還駐華公使包令，而命前加拿大總督額爾金（Lord Elgin）代之。法國亦將本年二月二十五日市抵中國之公使布爾布隆(de Bourboulon)召還，而代之以葛羅(Baron Gros)。五月十日印度變起，印度總督求援於額爾金，請將帶往中國之軍隊，派來印度，後來平亂，頗賴其力。九月二十日額爾金抵香港，十月十三日，葛羅亦至。

當時美國亦願參加交涉，俄國旋亦加入，蓋俄使普提雅廷（Comte Euthyme Poutiatin）適奉命來中國，解決中俄懸案，先至恰克圖，被拒絕不得入境，至是亦欲在白河與中國開談判也。同年四月十八日，美國亦派新使列衛廉（William B. Reed）來華。

第三章　英法聯軍之役

英法使臣互商，各致書與中國政府，交由兩廣總督葉名琛轉達；公文內容大致相同。葉名琛將所求各款，一一駁覆，仍以强硬態度處之。先是英法公使曾決定用武力解決。十二月十日宣言，自十二日起封鎖廣州。限葉名琛。於十日內答覆；十二月十四日駁覆照會至，戰釁遂開。二十四日聯軍不費一彈，占領河南。二十八日晨聯軍發炮攻城；二十九日午後二時城陷。一八五八年一月五日，聯軍搜得葉名琛，擄之，送至印度加爾各答，庫銀公文並爲聯軍掠略罄盡。一月九日聯軍請巡撫柏貴出主省事，下設委員三人佐之，英法軍官各一人，餘一人爲巴夏禮。英法公使決致書於中國首相，並通知美使列衞廉，俄使普提雅廷，請其致同一照會，交由兩江總督何桂清轉達，限於四月一日以前中國遣派欽差大臣到滬，將彼此應行商榷各節，會晤覈定。書中所注重者，蓋爲改定條約，多開通商口岸，外人遊歷內地，使臣進駐北京，自由傳教，賠償軍費等款。後得兩江總督何桂清答覆，不得要領，英法公使遂決定北上，擬在美俄兩國公使調停無效時，然後用武力解決。

四國公使抵大沽口，於四月二十四日，致大學士裕誠照會一紙，限於六日內派與諸使等級相同之大臣一人來大沽會議。同時英法聯軍已抵大沽口外。待至五月二十日，中國方面仍無滿意答覆，聯軍兵艦遂於是日晨十時開駛進口，開炮攻擊大沽南北兩岸炮臺，砲臺還擊，劇戰二小時，聯軍登岸，炮臺守兵六七千人皆潰。聯軍進據炮臺，得炮一百五十門，內有舊式銅砲若干。三十一日聯軍進至天津，朝命大學士桂良，戶部尚書花沙納赴津查辦，並命耆英協同辦理。六月六日（咸豐八年四月二十五日）恭親王奕訢奏語有云：「臣謂耆英從前辦理夷務，非委曲順從，卽含糊答應，畏夷如虎，視民如草。以致釀成鉅患，流毒至今。此次若仍照從前辦法所求悉允，桂良花沙納亦所能爲；若不照從前辦法，則耆英畏葸於前，未必能振作於後。是在皇上乾綱獨斷，凡必不可允之條，卽百計要求，不能因耆英代爲乞憐，而稍涉遷就；其可准之條，如果該夷俯首聽命，則羈縻勿絕，原不妨與以轉圜。應請嚴飭耆英，務須正名問罪。先責其滋擾粵省，撲犯津門之舉。後告以中國雖連年不靖，亦斷不能受外夷如此挾制。若堅執不從，則將閉關罷市，糾合兵勇，以決勝負。如此先折其氣，而後俯順其情，庶撫議卽定，不至蹈從前覆轍」。觀此奏語，可見當時朝臣期待耆英之奢，而昧於中外大勢如故。耆英至天津，見英使時，英譯員而兼海關稅務司之李國泰（H. N. Lay）出示耆英在一八四五年所上詆毀英夷之奏疏。耆英愧而泣，潛回京詔賜自盡。

桂良花沙納二日抵津，在海光寺會晤諸使，四日見英使額爾金，六日見法使葛羅，俄使普提雅廷，七日見美使列衞廉。英使交涉命李國泰辦理。國泰態度，至爲強硬，必欲如其所欲，毫無磋商餘地，惟以率師入京恫嚇而已。桂良不堪其辱，乃請俄美二使轉圜，亦無效果。雙方爭持最烈者，公使駐京，多開口岸，外人遊歷內地等問題。英使提出條約五十六款，聲稱不能更易一字，若再遲延，將帶兵進京，要索更多於此矣。桂良等被迫簽字。六月十三日與俄使首先簽定中俄條約十二款；十八日與美使簽訂中美條約三十款；二十六日與英使簽訂中英條約五十六款；二十七日與法使簽訂中法條約四十二款。二十六日桂良等奏語有云：「此時英佛(法)兩國和約，萬不可作爲眞憑實據。不過假此數紙，暫且退却海口兵船。將來倘欲背盟棄好，只須將奴才等治以辦理不善之罪，卽可作爲廢紙」。中英條約簽訂之第二日，桂良等奏報云：「昨日三點鐘，英夷李國泰隨同伊國副使卜魯斯 (F. W. A. Bruce) 乃額爾金之胞弟，前來要盟。奴才等心極憤激，仍復示以鎭定。該夷逼迫再四。奴才等云，本約今日定議，並無不依。卽准其於六點鐘在海光寺用印畫押。屆時隨同隨員等及地方官十餘人前往。夷酋額爾金用轎三十乘，帶兵五六百名，各持刀槍，鎧甲一色，夷官亦數十人，鼓樂同來，竟將寺內佔滿。奴才等置生死於度外，若非眷戀大局，早欲以一死報國，毫無驚懼之色，乃用印畫押已畢，仍設酒果欵待。額爾金捧爵而起，並命各色官同時起立而言曰：第一尊願大皇帝萬壽無疆。坐。復飮二尊曰：願欽差永保平安。第三尊曰：願兩國萬年和好。奴才等事畢回寓，抱恨萬狀，終夜不安，覺此事雖出於萬不得已之苦衷，只可從權辦理」。

四國條約成立，英法軍艦離津南下，雙方說明改訂稅則，會議於上海舉行。俄使逕回本國，三國公使則至上海。朝廷之批准條約，實非得已。及外船南下，乃謀挽回，主張中國免徵海關稅銀，外國則將公使駐京，長江通商，內地旅行，賠償兵費始還廣州四項放棄。詔派桂良會同兩江總督何桂清往議。以上各項，既載在條約，當然不能再議。及議商稅則，具體條件由李國泰提出，後來並無重要修改。十一月關稅章程簽字，作為條約之一部，美法條約，仿而行之。四國條約，文雖不同，享受之權利莫不相同。其關於西力之侵入者，至深且鉅，茲分言其要款如下。

一、領事裁判權　此在條約上則曰治外法權。中國初與隣國往來，常有互交罪人之例，殆可謂互惠之治外法權。南京條約，關於此節，尚無明文。虎門條約，明言互交罪人。望廈條約，始有明文規定。至天津條約，又訂為條款。外人為刑事民事被告，歸外人領事審理。華人為被告，由領事會同華官審判。

二、公使駐京　我國歷史向無此例，中國政府不知國際外交慣例，對於英國要求，堅決反對，其意以為各國夷使駐京，必盡窺我之虛實。吏部尚書周祖培且條呈其有八害。外人則言誤會爭執之起，多由於粵督飾辭上奏，曲解事實，而公使不得直接與北京政府交涉，辨明眞像，甚至引起戰禍。美約法約，載明其公使可因要務暫住北京。中國若許別國公使駐京，二國亦得享受同等機會。則英國要求之允許，別國亦將駐京。故桂良等之赴上海，命其取消公使駐京條款，然終無成。

三、關稅　南京條約後，協訂關稅成立，非得締結約國之同意，不得改訂或增加。其違反關稅自主原則，盡人所知。及天津條約成立，根據貨價改訂稅率，仍爲值百抽五。外使更以常關稅重，厘金苛繁，向桂良商磋，議決海關帶徵百分之二點五之子口半稅。於是外人運輸洋貨入中國，得免苛捐，而中國土貨，反納重稅。

四、通商口岸　南京條約開放五口，均在長江以南，北方諸省及長江沿岸，無一商埠，所以要求增加。天津條約成立，中國開放牛莊、登州、漢口、九江、南京、鎮江、臺灣、淡水、潮州、瓊州。由是長江以北之海港，及沿江要埠開放。後改登州爲芝罘。

五、傳教　鴉片戰後，來華教士漸多，傳教區域限於五口，中俄天津條約載明傳教。中美天津條約等亦有規訂。教士如携有護照，得入內地傳教。

六、遊歷　外人得遊歷內地，始於天津條約。中英天津條約第九條曰：「英國民人准聽持照前往內地各處遊歷通商，其執照概歸領事發給，而由地方官蓋印」。其無執照以及犯有不法之行爲者，則由華官交於最近領事辦罪，途中不得虐待處罰。其在通商口岸百里以內，遊歷者，無須執照。約文載明旅行執照之權利，不得發給水手。

七、賠欵　天津條約規定，賠償英國商業損失二百萬兩，軍費二百萬兩，法國軍費二百萬兩，概由粵省籌措。英約載明交欵之後，歸還廣州。一八六〇年（咸豐十年）英法聯軍進抵北京，二國軍費增至各八百萬兩，由海關支出。美國因商館損失，亦得賠欵五十萬兩。

八、鴉片　鴉片自中英戰爭以來，銷路大增，英使迭請弛禁，中國初未允許。及二國代表會通商稅則於上海，英使又請弛禁，中國時值洪楊之亂，需欵孔殷，終乃許之，改稱鴉片爲洋藥，每石納銀三十兩。運入內地，尙須繳納厘金。外商輸入洋藥，可於通商口岸出售，由華商運入內地，從此鴉片販運吸食，遂得公開矣。

綜之，此約關係重要，而中國讓步者，迫於聯軍之力，勉强批准。而於外使駐京一節，固根本反對也。當締約時，法俄美三國公使，亦曾勸告英使額爾金，然英使力持，因而載入。故上海會議時，朝廷尙命桂良等力謀修改。及見不能挽回，乃欲於使臣進京加以種種限制：入京帶人不得過二十名；到京後只准暫住；一切跪拜禮節，悉遵中國制度。一方面命蒙王僧格林沁防守大沽建築炮台，置木樁以防輪船，購牛皮以禦火箭，尙有備戰之意也。

英使額爾金於簽定通商稅則後，在事實上已將英使長駐北京之權放棄，但需許其乘船，入長江查看，乃於一八五八年（咸豐八年）十一月八日赴漢口。法使葛羅亦於是年十一月二十七日離華，額爾金亦在一八五九年一月二十五日離去。繼其後者，法使仍爲原任之布爾布隆，英則爲額爾金之胞弟卜魯斯。五月十四日美國新使華若翰（John Ward）抵香港。俄亦新命伊格那提業福（Ignatiev）爲使臣來華交涉疆界事宜，六月抵北京。由是美俄二使又獲參加英法聯軍之役。

英使既堅持入京換約，乃於六月十五日離滬乘船北上，法美二國使臣隨行。當時中國政府。既見不能阻之不來，而大沽海口業已設防，不能令其窺伺，乃欲各國使臣從北塘海口入口。在正陽門外爲使臣預備館舍，命直督往北塘迎之。當時中國毫無啓釁之意也。不意英使卜魯斯固執不變，而英海軍將領自恃其力，必欲在大沽入口，並限時撤去攔河之鐵戧鐵鍊。二十六日午後二時半英艦開火，炮台方面還擊；至六時炮火稍停，聯軍部隊登路謀奪炮台，失利退走；七時炮火又起，英海軍將領傷及腰部。聯軍傷亡四百三十二人，遂退去。

英法聞訊，又遣額爾金葛羅來華。英國命陸軍中將格蘭特(Hope Grant)爲總司令，率軍二師團，海軍中將查爾奈（Charner）爲海軍司令。法國命陸軍中將孟多榜(Cousin-Montauban)爲海陸軍總司令，率軍二旅團，開拔來華。一八六〇年三月八日英法二使致最後通諜於中國政府，要求四事：一、中國道歉；二、公使駐京；三、賠償兵費；四、進京換約；限於三十日內答覆。中國覆文於四月五日到達，將其駁斥。四月十四日聯軍會議，先據舟山之定海，二十一日占領之。五月二十日聯軍在香港會議，決定占領山東半島之煙台，遼東半島之大連。以爲英法兩軍之根據地，然後進攻大沽。同月二十八九兩日，法使葛羅，英使額爾金先抵上海。

聯軍鑑於上年之敗，決定從北塘登陸，而繞出大沽炮臺之後。七月二十七日，英法兩國艦隊，從煙台大連出發，八月一日聯軍在北塘登岸，未遇抵抗。三日進攻，守兵敗走。四日至十一日間大雨，道路泥濘，不能用兵。十二日陷新河。十四日陷塘沽。十八日渡過白河。二十一日進攻大沽北岸炮台；翌日又陷南岸炮台，得大炮六百門。先是直隸總督恒福奉旨辦理撫局，及聯軍登岸，致函額爾金，說其入京會議，英使拒絕其請。二十三日聯軍進駐天津，法兵占白河左岸，英兵占白河右岸。二十四日上諭授桂良恒福爲欽差大臣，赴津議和。英法二使使人告以三月最後通牒，所開條件未履行時，未能停止戰爭。九月三日桂良等不得已備文照覆英法二使，概爲允許。七日英法二使先後至桂良所，索看其奉命來津全權大使便宜行事敕書御旨，桂良無以應。於是英法使臣，留守兵於天津，率軍取道楊村河西務而赴通州。九月十一日抵楊村，巴夏禮、威妥瑪，(Thomas Wade)以昨日接到中國欽差大臣怡親王載垣兵部尚書穆蔭送來照會事告額爾金。照會略謂：「貴國所開各款，業經允許，自無不可面定。現奉大皇帝諭旨，特命本大臣等前赴天津與貴大臣商議一切」。英使答覆謂：「立意擬赴通州，不能在他處定約」。十四日載垣等在通州先與巴夏禮接晤，許將天津條約與續增條約八欵，俟額爾金到通州，即行蓋印畫押，再行進京換約。聯軍隊伍悉居張家灣以南五里外，不許再進。十七日額爾金命巴夏禮率領員兵三十餘人送答文至通州，堅稱國書仍欲親遞，並須知照僧格林沁將張家灣之兵撤退。並聲稱：「不遞國書，即是中國不欲和好」。先是載垣等奉到十四日上諭：「巴夏禮，威妥瑪係該夷謀主，聞明常（俄羅斯國通事）亦暗隨在內，即著將各該夷及隨從人等羈縻在通，毋令折回」。至是載垣等當即知照僧格林沁將巴夏禮等扣留。十八日晨巴夏禮留員兵二十餘人於通州，自率員兵十二人覆命。行至中途，見中國軍隊行動可疑，乃命餘人回營報告，自率兵卒二人折回通州。俟報告者還至通州，遂又聚合同向張家灣進發，巴夏禮等甫過張家灣，忽聞炮聲，正驚疑間，見僧格林沁率部下馳至；巴夏禮呼問，僧報以惡聲，瞬息間英使者等盡被曳至馬下，擒獲而去。同日法將孟多榜派往通州之員兵十四人，亦被擒拿。由是戰釁復起。

十七日聯軍從河西務開至馬頭之北。翌日晨英軍前進，法軍會合天津開來之援軍繼之。時守軍在張家灣南傍運河佈陣若弓形，廣有十里。聯軍決定分兵繞守軍左右翼；法軍沿運河進，英軍進擊守軍右翼，守軍退走。十九日額爾金遣威妥瑪赴通州要求放還被捕員兵，否則進兵北京。僧格林沁等敗後，退守八里橋。二十日聯軍決定不入通州，逕向八里橋進攻。二十一日晨七時開炮火，至十二時守軍又敗退。朝廷始知戰不可恃，乃免載垣穆蔭等職，改派恭親王奕訢、大學士桂良、戶部左侍郎文祥，爲欽差大臣，與聯軍議和，然尚未允放還巴夏禮等也。八月三日英軍先進，五日聯軍全隊皆向北京進發，六日孟多榜統率之法軍先入圓明園。時文宗已在上月二十二日出走熱河矣。

七日聯軍致書於王大臣，要求釋放巴夏禮等。八日恒祺與留京王大臣議定釋放巴夏禮等歸營；時諸人面手俱有傷痕，顯係受刑所致。十日聯軍統將格蘭特孟多榜致書恭親王，限於十三日午時開放安定門，逾時將卽攻城。屆時將安定門開放，外兵入城，未擾人民。十七日聯軍照會恭親王，稱其員兵被監禁凌虐，應賠恤銀，並拆毀圓明園宮殿。均定於二十日照覆，二十二日給銀，二十四日畫押換約。

十月十二日至十八日間，將通州捕獲英法人傷重而死者之屍體，陸續送還；英人二十六名，存者十三名，法人十三名，存者六名，額爾金憤極，必欲焚圓明園以洩恨，法使阻之不聽。先是法兵入園時，已有搶刼破壞者，至十八日英軍縱火將圓明園焚毀，二百年之經營，刼餘之物品，悉付一炬；從前郎世寧將友仁之設計，與建築皆毀。

當是時也，俄使伊格那提業幅適抵京，願任調停，代爲說合。十月二十四日，英使額爾金會同恭親王在禮部交換條約，並簽定續定條約九條。較天津原定之約文，删去一條，增添三條：一、廣東九龍司地方併歸英屬香港內；一、續增條約請明降諭旨宣佈；一、華民出口赴英，無庸阻禁。總之額爾金所獲得者：大沽事件之道歉，英使駐在北京，賠償恤金八百萬兩，開放天津爲通商口岸，華工得出口赴英，割讓香港對岸之九龍，條約立卽實行。英方一方面許在條約簽定後退出舟山，賠欵付清後，退出天津、大沽、與山東東北海岸。

十月二十五日法使葛羅會同恭親王於禮部交換天津條約，並簽定續訂條約十條。較天津原定約文亦增二條：一、照道光二十六年（一八四六年三月二十日）諭旨准軍民學習天主教，給還各省學堂，塋墳田土房產；一、准華民出口。其餘條欵多與英約同。

俄使伊格那提業幅自以調停中國與英法間，頗爲中國盡力，於十一月二日與中國簽定續增條文十五條，較之英法所得利益獨多。說詳後章。

十一月一日法軍退出北京。七日英軍亦退；九日兩國公使率領最後退出之部隊，離開北京。十四日兩國軍隊重在天津集合；留戍兵於天津；其餘部隊開往上海廣州兩地。法使葛羅於二十四日離津，留布爾布隆爲駐京公使。額爾金於二十六日離津，留卜魯斯爲駐京公使。

第四章　中俄東北境界交涉

尼布楚條約締結以後，中俄兩國北界，以外興安嶺爲界。當時俄屬西伯利亞東部之交通，極端困難，由是只有兩策可取：或退出堪察加半島，或謀占黑龍江左岸之地，而由水路便利交通。一八四七年（道光二十七年）九月五日俄國任命木哩斐岳幅（Muraviev）爲東西伯利亞總督，遂用後策。次年遣人調查黑龍江水道，其人失踪。同年又遣人調查亞洲東北海岸。先是俄人以爲韃靼海峽是一海灣，庫頁島與大陸相連。此次調查結果，始知海峽可通。一八五〇年（道光三十年）俄船遂入海峽至黑龍江口而在其地建設廟街（Nikolaiusk）由是愈堅木哩斐岳福東進之心。一八五四年（咸豐四年）藉口俄屬「東面各島被英吉利侵占，伊奉命由黑龍江松花江內抄近前往」，率領汽船一隻，小舟七十五隻，運載糧食，以備俄國移民移殖太平洋沿岸之用。進至精奇里（Zeya）河口，請求璦琿官憲放行。中國不許，木哩斐岳福逕駛而過。同年命俄國駐京教士（漢文名之曰喇嘛）轉呈理藩院公文一紙內稱：「本大臣奉命到東海口岸，有用兵之事，從近路黑龍江前往，業已備文達知中國矣。本大臣更派親信官員，令伊親赴中國，將前文內未能盡達之意，面見中國理藩院官，詳細言明。但所派之官，能否速到中國，實未可知。爲此將欲言之意，先飭駐京喇嘛，詳細向理藩院該管官早爲聲明。本大臣之往東海口岸也，雖由中國黑龍江地面行走，然一切兵事應用之項，俱係自備，並無絲毫擾害中國，且絕無出人不意，因而起貪利之心，兩國和好已久，此意必能相諒。況東海口岸，雖係本俄羅斯國界，而於中國亦實有關繫也。本大臣此次用兵不惟靖本國之界，亦實於中國有裨。但願中國同心相信，勿以兵過見疑。此次由中國境內行兵，甚得隣好之益。如將來中國有甚難之事，雖令本俄羅斯國幫助，亦無不可。凡此欲言之意，皆上承本國君命。將來本大臣所派之官到京，必將此意逐細面呈理藩院官。該達喇嘛接奉此諭，不敢違誤，是以告知本管老爺。其可否再爲上述之處，敬祈酌量施行」。教士譯名作達喇嘛巴達第，後又作巴拉第，即精通漢學之 Palladius 也。

俄人之策略，顯而易見，始而藉假道而移民，繼而因移民而索地。至是年秋間對於庫倫、吉林、黑龍江三省委員之詞又變矣。據稱：「黑龍江、松花江、俄羅斯呼爲阿木爾，其各源皆在俄羅斯境內。黑龍江至東海地方，至今尚未劃分。阿木爾爲防堵外國要區。且本年夏間，在松花江海口屯兵築壘。兩江左岸，設卡整頓。一夏乘船行走，冬令仍欲騎馬，於氷上往來，應於此處立界。又黑龍江河源，始於俄羅斯所屬地方，今應取和，將黑龍江左岸悉歸俄羅斯國。黑龍江烏特河及松花江海口兩岸，尚未劃分。黑龍江松花江左岸既已分給俄羅斯國，其黑龍江松花江左岸海口居住之鄂倫春、赫哲、費雅哈人等，應否撤回，大國酌覈辦理。精奇里、西林廸、牛曼等河，雖係大淸國地方松花江口陸路行走，夏冬泥淖難行，亦應分給我們」。此竟明索外興安嶺以南，抵於黑龍江左岸之地矣。所遣使臣普提雅廷，先在恰克圖投文，中國不加接待，遂繞道至天津，乘一八五八年（咸豐八年）第一次英法聯軍之役，於是年六月十三日與中國訂立中俄條約十二條，許俄國在中國海口通商。而兩國境界則已在上月經木哩斐岳幅與黑龍江將軍奕山在璦琿地方締約劃界矣。

英法費三年之交涉與戰爭，僅得增加通商口岸，公使駐京等權利；璦琿條約之成立，僅需一夜之間，用槍炮虛聲威嚇而已。其事之易，誠屬空前。當時守土官吏，毫無常識，對於東三省地理，尤其漠然，所以木哩斐岳幅敢以不曉事之童騃視之。咸豐八年五月初四日（一八五八年六月十四日）黑龍江將軍奕山奏報曰：「初十日（五月二十二日）夷酋率領通事施沙木勒福（I Shishmaref）並夷目數十人登岸進城。通事傳說，前因防範英夷，伊國來往由黑龍江行駛，左岸蓋房，今年續有數百人船前來在此屯兵，幫助防範英夷，均有裨益。黑龍江一帶，當初本係伊國地方。現在江左存居滿洲屯戶，均令遷移江右存居。如有需費，伊國供給。至於兩國界址，自沙畢奈嶺以東，額爾古納河入黑龍江，烏蘇哩河、松花江至海，沿河各岸，半屬中國，半屬俄國。江內只許我兩國人船行走，他國船隻，不准往來。再俄國已經咨行中國理藩院，嗣後各海口應一體通商，各派官員照管，黑龍江亦可照此辦理。我二人俱係將軍之職，各奉主命前來，即可定准，對換印文，兩國安靜，各守邊界。……迨至十四日（五月二十六日）午刻，木酋帶夷目數人，忽到寓所。接閱夷文，並未刪改。即向其正言議論。又因烏蘇哩河等處，係吉林地面，礙難懸擬。轉向吉林委員三降詰問情形，該員答以尚須查明再定。議論未終，木酋勃然大怒，舉止猖狂，向通事大聲喧嚷，不知作何語言，將夷文收起，不辭而起。委員等詢問通事施沙木勒福，木酋因何動怒。通事不答，但言明日再送字來。夷衆忽忽返回對岸泊船。先是木酋未來之前，有夷船五隻，夷人數百名，軍械俱全，順流而下，行數十里停泊。木夷來時，隨有大船二隻，夷人二三百名，槍炮軍械俱全，泊於江之東岸，尚屬安靜。自木酋忿怒回船後，夜間瞭望夷船，火光明亮，槍炮聲音不斷。次日早間副都統吉拉阿明及大小官員等來見，稟稱木酋昨因會議分界未明，夜間施放槍炮，勢在有意尋釁。又恃有人船在後，倘一舉動，必致難休。現在江之東岸存居屯戶，男女驚惶，進城哀懇設法護庇。倘有緩急，雖有預備兵丁西丹等防護城垣，恐難兼護屯戶，不得不據實稟明，設法安撫等語。電飭協領等官，密爲撫論江右屯戶人衆，照常安居。一面派員前赴夷船，以問好爲詞，會見木酋，探其光景。見該夷仍帶倨傲之態，令通事向委員說，日前你們大人，約我們會見你們將軍議定界址，我本不去，你們大人，再四相强，礙難不允。及至會見後，所議條欵，多不允准，並言不敢擅專，必須奏明方可定議。現今俄國之人，在吉林地界闊吞奇古等處屯居多年，豈有不知之理。彼處有俄國之兵，可保英夷不敢前來侵擾。黑龍江所居屯戶，我能主掌不令遷移。你們將軍既係奉令前來，分定界址，豈不能定奪。所以議定兩國交界，俄國前已行知大清國理藩院准行。並未駁回。你們將軍，乃係親任大臣，不肯應允，明係故意推諉。你既奉將軍之命，前來問好，尙有兩國和睦之意。我明日使通事寫字前來，見你們將軍，若可照字辦理，即行對換畫押文字，彼此爲憑，以全和好。如若不能，我即搶江左屯戶，不准存居等語。十五日（五月二十七日）巳刻，木酋使通事前來，呈遞清字夷文。詞雖含混取巧，較之前文，略覺簡明。且字內已將江左屯戶居處讓出。此外本係空曠地面，現無居人。至松花江烏蘇哩河等處，地屬吉林，未敢酌准。但該夷業經占居闊吞、奇古處所，字內又寫烏蘇哩河至海，以爲中國俄國同管之地。議請通商一節，亦可比照海口等處辦理。現在剖辯分界，本不當遷就了事，均應查照舊例，分定爲是。第勢處萬難，若不從權酌辦，換給文字，必致夷酋憤激，立啓釁端，勢難安撫，實於邊疆，大有關礙。是以不揣冒昧，暫安夷人豺狼之心，允其所請，換給畫押文字，以舒眉急。該夷換字後，即將人衆船隻退去，於十六日（五月二十八日）返回海蘭泡。據稱

暫居數日，即往闊吞等處，辦理要事，現在海蘭泡居夷，照常安靜

俄人對於黑龍江左岸之地，始而假道，「從近路黑龍江前往東海口岸，絕無出人不意，因而貪利之心」。繼而強詞奪理，謂黑龍江各源，均在俄羅斯境內，應將黑龍江左岸分給俄羅斯國。右引之文竟謂：「黑龍江一帶當初本係伊國地方」。俄人慣用鷸蚌相持漁翁得利政策。當時中國與英法失和，兼有洪楊之亂，誠千載一時機會，安肯輕易放過。璦琿條約未訂之前一月，普提雅廷在天津來文請定之兩國界址，與璦琿條約所訂者相同，足證其爲既定政策。俄人並善用行小惠而獲大利之政策，木哩斐岳幅在訂約以前，許將江左屯戶居處讓出；普提雅廷擬讓之小惠更多，據稱：「俄國所求，俟得有消息，竭力剿滅英佛(法)兩國，以期中國有益。欲代完米（美）國未知事宜，因請欽定附去章程二條。分定疆界，均關緊要。現在先於空曠處所，遣人駐紮。且海岸早經外夷窺伺，即應分定。係因兩國公地，不令外國夷人潛駐之意。倘海岸屬爲俄國，則外國之人，不致攔入滿洲地方。俄國欲駐海岸，並非欺壓，必與貴國相宜，自有報答。其塔爾巴哈台焚燒貨圈，搶去貨物，計銀已及二十萬兩，亦可不要。黑龍江左岸居住之滿洲人，如欲移居江右，需銀十萬兩俄國付給。再關貴國兵法器械，均非外洋敵手，自應更張。俄國情願助給器械，並派善於兵法之員前往，代爲操練。庶可抵禦外國無故之擾」。其中足使中國政府動心者，蓋爲贈送

槍炮一事。天津條約簽字後，普提雅廷曾一面遣使齎送條約原本從上海取海道回國，一面遣瑪拉提諾甫（Martinov）齎送副本，從恰克圖取陸道回國。瑪拉提諾甫原爲木哩裴岳幅副官，數月前奉命來津見普提雅廷，故遣其送達情報。其確取陸道者，蓋曾通知桂良等云：「前經請准呈送炮位鳥槍一節，奉諭旨俄羅斯呈請備送槍炮，實屬出於至誠，俟解到時，准其接收。職當諭派出回國之瑪拉提諾甫，將此情節，趕緊知照本國，令其預備器械，以期無虞，計明年可以抵津」。瑪拉提諾甫於一八五八年六月十五日從天津出發，僅於二十五日間馳過蒙古，於八月七日抵聖彼得堡。復由聖彼得堡將天津議和消息電達倫敦、巴黎，則當時西歐獲知此層消息者，蓋由陸道傳來。英使額爾金曾命其弟卜魯斯齎送條約原本回國，行至埃及之亞力山大港，即聞其所齎消息，歐洲業已遍傳矣。由是可知當時俄人外交手腕，優出英法人遠矣。

條約之優，不在條文之多，中英天津約條計有五十六條；中法天津條約四十二條，而瑷琿條約僅兩條。其文曰：「大清國御前大臣黑龍江將軍宗室奕山，與俄羅斯國東錫畢爾將軍木哩裴岳幅欲期兩國永遠相好，各屬之人彼此有益，及防範外國，公同商定。一、黑龍江松花江左岸，自額爾古納河至松花江海口，爲俄國所屬。右岸順江至烏蘇哩河爲大清國所屬。自烏蘇哩至海，所有地方毗連兩國之間，爲大清國俄國同管之地。黑龍、松花、烏蘇哩各江，只許大清俄國來往，別國船隻，不准行走。黑龍江左岸，自精奇哩河至霍爾莫勒津屯，原居滿洲人等，仍令照常居住，歸大清國官員管轄，不准俄國人等擾害。一、兩國所屬之人，永相和好。烏蘇哩、黑龍江、松花江、居住兩國之人，准其彼此貿易。兩岸商人，責成官員互相照應。大清國黑龍江將軍奕山，與俄國吉那拉勒，固畢爾那托爾，木哩斐岳幅公同商定，永遵勿悖」。

約文中之松花江乃指混同江，質言之黑龍江下流，並非吉黑兩省分界之松花江，然後來俄人竟以約中之松花江釋爲吉黑間松花江。所謂「永遵勿悖」之「永」字意義亦有別，應訓爲「不過二年半」也。

璦琿條約雖謂黑龍江左岸爲俄屬，烏蘇哩河以東，抵於鄂霍次克海韃靼海峽，日本海沿岸之地爲中俄兩國所共有，然在事實上俄國已在其地移民築壘，中國所得者名義而已。不過二年半北京條約成立，並此名義亦不存矣。一八五九年俄國派伊格那提業福來京辦理交涉，提出補續和約，草稿與其條目詳解，中有云：「再者預防他國侵佔之端，應早爲決定。如將此地許與本國，於中國明有益處。本國從東至西，一萬餘里，與中國相交一百餘年。雖有大事，並未一次交鋒。若英吉利等十餘年之間，常至鬪爭，已經交鋒三次。然逾數萬里地，尚且如此，況離此相近乎。若英佛（法）兩國，往滿洲地方東岸，兵船火船，來時甚易。中國海界綿長，戰法各處皆不能敵，惟本國能辦此事。若中國與本國商定，於外國船隻未到彼處之先，先與外國咨文，將此東方屬於本國，我國能保不論何國，永不准侵佔此地。如此中國東界，亦可平安。且須知我國欲占之地，係海岸空曠之處，於中國實無用處。且貴國使臣，須知因本國官員到彼，並未見有中國管理此處官員之跡，我們業經占立數處」。此文竟將璦琿條約「永遵無悖」四字抹殺矣。

當時中國方面折衝者，是肅順、瑞常，手段亦不弱於俄人。彼此互相狡賴，互相恫嚇。伊氏既稱以烏蘇哩爲界。肅順等答覆云：「中國與俄國地界，自康熙年間，鳴炮誓天，以興安嶺爲界。凡山南一帶，流入黑龍江之溪河，盡屬中國。山北溪河屬於俄國。此定甚爲明晰。至黑龍江交界，應由黑龍江將軍，與貴使臣木哩裴岳幅商辦。其吉林所屬之處，並不與俄國連屬，亦不必議及立界通商。貴大臣所云恐有他國使占，爲我國防守起見，固屬貴國美意，斷非藉此侵占我國地方。然若有別國占踞，我國自有辦法。今已知貴國眞心和好，無勞過慮」。又云：「今我大皇帝優待貴國，已將黑龍江左岸空曠地方，闊吞屯奇吉等處借與貴國流民居止。又立新章准其五口通商。如此相待，原爲貴國與我國和好二百餘年，非他國可比，是以種種從優允許。乃貴國大臣不知感情，必欲將侵占地方，及增添陸路通商各事，堅持己意，並先出無理之言。不知此等事雖爲貴國所欲，乃我國斷不能與之事。貴大臣如始終不悟此理，謂若從此不和，必致使我國閉關罷市，不獨以後與貴國無益，即已經許借與貴國之黑龍江左岸空曠地方，闊吞屯奇吉等處，及恰克圖、伊犂、塔爾巴哈台通商，亦皆毋庸議。是貴國求多反少也」。伊氏後照會云：「若仍猶疑延遲，實於貴國無益。倘貴國大皇帝不准行時，本大臣遵照本國大皇帝諭旨，應由京起程，前往北塘登船，因居此互相無益」。並聲稱於五月二十八日起程前往北塘。雙方爭執至一年之久，伊格那提業幅既知狡賴恫嚇皆難達到目的，所以出京另有圖謀。是年七月英法聯軍抵大沽口外，伊氏亦率領兵艦四艘至，必非出於偶然也。伊氏既新從北京來，英法二使當然詢問北京事，伊氏遂言北京政府頑固，非用武力不可。聯軍捨大沽而登北塘，雖不能謂出俄使之授意，然不能使人無疑也。一方面又示意雙方，願作調人，其實欲從中取利。所云調停諸事，如賠款酌減，乃出自英法自動；聯軍不久居京師，業已早先決定，不在京過冬，皆非俄使調停之力。恭親王亦知其「有意冒撞」，「頗有居功之意」。然仍退讓者，恐北邊又啓邊釁也。一八六〇年（咸豐十年）十月二十八日，恭親王等奏疏曾云：「臣等思英佛（法）兩夷，敢於如此猖獗者，未必非俄酋爲之慫恿。現雖和約已換，而夷兵未退。設或暗中挑釁，必致別生枝節，且該酋前次照覆，有兵端不難屢興之語。該夷地接蒙古，距北路較近。萬一釁啓邊隅，尤屬不易措手」。當時王大臣猶如驚弓之鳥，易受外人恫嚇，故亦只好屈從，於十一月二日簽定中俄北京條約十五條。割讓烏蘇哩江抵於沿海之地；東邊各境貿易自由；俄國商人可在恰克圖北京間往來貿易；庫倫設立領事，並許在張家口，喀什噶爾兩處通商；設立郵遞寄送書信物件。從此以後，俄國境界遂隔圖們江與朝鮮相對，而建軍港於海參威矣。

第五章　各國續訂條約

四國北京條約締結以後，外力侵入更進一步，中國權力喪失愈多。前此中國在體制上以不平等待外國者，至是外國在權力上，又以不平等待中國。其故蓋在當時國人不明世界大勢，不知國際公法，爭其所不當爭。而放棄其所應爭。是以北京條約締結以後，當局所焦心者，不在權力之喪失，而在今日決對不成問題之公使駐京，覲見問題，與其他諸國繼起締約問題。既許各國公使駐京矣，則在體制上應籌及交際問題與行文問題。從前外使未能駐京之時，其文件只能由兩廣總督轉達，聯軍之役以前，外使之公文，兩廣兩江總督，皆不轉遞，於是英法等國公使，逕照會大學士裕誠。僅有俄國照會由理藩院接收。中俄天津條約第二欵，載有嗣後行文，由俄國總理各國事務大臣，逕行軍機大臣，或特派大學士往來照會等語。所以一八五八年以來，俄國照會卽專送軍機處。於是在聯軍離京以後，公使尙未駐京以前，（咸豐十年十二月十日，卽一八六一年一月二日）設立總理各國通商事務衙門於京師，命恭親王奕訢、桂良、文祥等管理；又以崇厚充三口通商大臣，薛煥僉辦上海等處通商事務；是爲京內外辦理外交機關。一八六一年三月，法國公使布爾布隆與英國公使卜魯斯在京設立公使館。同年七月六日俄國公使把留捷克(da Balluzek)抵京；則是年已有三國公使駐京矣。

其他諸國，見英法俄美等國獲得如許權利，亦遣代表來華，請求通商。首來中國者爲普魯斯國使臣艾林波。(Von Enlenburg) 中國當時設立南北諸口通商大臣之意，蓋欲防各小國從而效尤，既見普魯斯國使臣來，自稱代表日耳曼二十餘國，曾對法國參贊哥士耆（Kleczkouski）表示不能允許之意。當經哥士耆爲之關說，該國原是大國，若與訂約，頗於中國有裨。英使威妥瑪亦言，其王是英王之壻，頗稱大國，不可不與換約。顧當時中國政府所畏者，公使駐京事，乃派崇綸與之交涉，駐京一節，限在五年之後，中普條約遂在一八六一年（咸豐十一年）九月二日在天津簽字。一八六四年四月普國使臣李福斯（Von Rehfues）來華，由津進京，欲遞呈國書，則不僅涉及駐京問題，而且牽動覲見問題，尤爲王大臣所不願聞，賴有普國兵船在大沽口扣留丹國商船事，藉此與爭，言須俟此事完結，方可接待。普使遂於六月十五日出京，假道俄羅斯回國。

繼普魯斯之後，請求締約者，爲葡萄牙國，一名大西洋國，葡人租居澳門地方，原定歲輸地租銀五百兩，自道光二十九年（一八四九）澳門葡萄牙長官，在三巴門外被人刺殺以後，葡人不納租銀。僅恃一八四五年（道光二十五年）四月十三日澳門市政廳與中國地方官所訂之一種協定，作爲地方貿易根據。至一八六二年（同治元年）葡國派澳門長官來京締結條約五十四條；於八月十三日會同崇厚在津簽字。此事亦經法國參贊哥士耆從中調處；議約之初，中國要求澳門仍歸中國，設官收稅，葡使則謂如欲歸還澳門，必須先了道光二十九年華人襲殺葡官之事。調停結果，中國仍在澳門設官，而納租一節，彼此俱置不論。一八六四年（同治三年）五月澳門長官來津換約，終以該約第二欵漢文與法文文字不符，葡官未得換約而去。蓋該約文第二欵漢文明言大清國大皇帝任憑仍設立官員駐紮澳門，而葡人將官員二字解作領事官，則所爭者爲主權問題。所以迄於一八八七年（光緒十三年）十二月一日，葡萄牙爲未訂條約之國。一八六四年六月二十四日辭換崇厚奏疏有云：「臣崇厚接見英國領事德呢克，據稱此次西洋來使阿穆恩，性情急燥。況換約之事，理應和同商辦，斷無不妥之理。曾向其勸導，彼此亦不肯聽從，殊難理說」，則英人不無挑撥之嫌疑矣。

中丹條約之訂立，乃由英使威妥瑪之援引。據同治二年三月十九日（一八六三年五月六日）恭親王等奏稱：「查自咸豐十年，英法換約後，當時卽慮及各小國從而效尤。且未設總理各國事務衙門以前，外國均在各口瀆請，迨既設衙門，則望有攸歸，其紛紛赴京瀆請，早在意中。是以未及兩年，果疊有布路斯、（普魯斯）比利時、大西洋三國來請議約之事。其中布魯斯大西洋，均係恃法國爲援引。惟比利時因無援引，始肯在上海辦理。今丹國遣使籲求，自亦因此而生覬覦，且聞其恃有英國爲援。但該公使拉斯勒福（Von Rassloff）於二月內到津。其時臣董恂署理三口通商大臣，該使並未知照，徑自啓程進京。經臣董恂飛函通知臣等，當即照會各國，告以丹使無故來京，已飭城門阻攔。旋接英國照覆，以伊國來人，乃係伊館賓客，請勿阻其入城。臣等亦明知丹使此來，無非希冀換約。因英國既有係伊賓客之說，故丹使進城後，臣等遂故置不問」。後丹使遵照舊章，在津照會三口通商大臣，懇請立約，總理衙門始奏派恒祺與丹使參酌大西洋等國條約，締結條約。先由恒祺在京與丹使畫押，然後差人送至天津，交與崇厚，再與丹使畫押互換。是年七月十三日在津畫押。此約爲後此所訂數約之藍本。丹使無駐京之權，惟有要務時，可以入京。

中荷條約由荷蘭駐在廣州領事(Von den Hocven)於同年十月六日在津畫押。

中國西班牙條約，則在一八六四年十月十日在津成立，一八六七年五月十日在津互換。西班牙須在條約畫押三年以後，始有派遣公使之權。

中比條約於一八六五年十一月二日在北京畫押，一八六六年十月二十七日在上海互換。此約堪注意者，在北京畫押，不似丹約送津重行畫押手續。

中意條約於一八六六年十月二十六日締結，亦在北京畫押。全約以丹約爲藍本，次年十一月十二日在上海互換。意使有駐京之權。

中奧條約於一八六九年九月二日在京畫押。

以上所訂新約。據中英天津條約之規定，海關稅則及通商條例，每於十年協議修改一次。同治七年（一八六八）爲修約之年，總理衙門在前一年卽預備修約交涉。一面奏請諭令南北洋通商大臣各派二員來京，以備查詢；一面備具條說，密寄各省將軍督撫大臣詳細酌覈。總理衙門條說開具六事；一、請覲，一、遣使，一、銅線（電線）鐵路，一、內地設行棧，內河駛輪船，一、販鹽挖煤，一、開拓傳教。同時英國公使阿禮國 R. Alcock 亦備詢各通商口岸之英國僑民，命其呈述修改天津條約之意見，於是上海、寧波、福州、厦門、汕頭、香港、天津等港，之英國商會或教士，皆有意見提出。中英兩方長期交涉之結果，訂立新修約十六欵，於一八六九年十月二十三日在總理衙門共同畫押。後因英商反對，香港英人反對尤烈，英國政府未予批准。

公使在駐在國覲見其國元首，蓋外交常事，而在當時中國政府，視爲一種嚴重問題。文宗因恐外使覲見，擧不回京。此次總理衙門預備修約，而提出之條說，首列外使覲見一事，可見其視此事最重。其故蓋在此問題牽涉體制。當時吳大澂奏語有云：「外國向無跪拜之禮，而我國定制，從無不跪之臣。若謂賓禮，與外藩不同，必欲執泰西禮節，行之於中國，其勢萬不能行。夫朝廷之禮，迺列祖列宗所遺之制，非皇上一人所得而私也。若殿陛之下，儼然有不跪之臣，不惟國家無此政體，即在朝廷議禮諸臣，問心何以自安。不獨廷臣以爲駭異，即普天臣民之心亦必憤懣而不平」。此可以代表當時一般士大夫心理，所以自一八六一年（咸豐十一年）外國公使駐京以來，遲至一八七三年（同治十二年）始許覲見。至一八九一年（光緒十七年）時始再許外使覲見。當時駐京使臣，不特不能常見君主而且不能與總理衙門以外之朝臣往來。同治年間（一八六二——一八七四）每有外使請覲，輒答以皇上沖齡踐阼，兩宮垂簾聽政，拒之。同治十二年正月丙午，皇上親政，各國公使復以爲請，總理衙門乃與各使商議，改跪拜爲免冠五鞠躬。先是總理衙門條詢各省疆吏時，曾表示變更儀節之主張云：「孔子之作春秋也，諸侯用夷禮則夷之，夷而進於中國，則中國之。今夷並未自進於中國，而必以中國之禮繩之，其勢所不能。若權其適中者而用之，未卜彼之能否聽從」。蓋爲後來地步，而先以此說塞反對者之口，用心亦良苦矣。覲見之所，定在中海之紫光閣，時在一八七三年（同治十二年）六月二十九日。會日本大使副島種臣因換約事入京，首先覲見，繼以首席公使俄使倭良嘎哩（Vlangaly）美使鏤斐廸（F. P. Low）英使威瑪妥，法使熱福理（L. de Geofroy）荷使費果蓀（J. H. Ferguson）五國使臣同時入覲，德使李福斯已回國，則以德使翻譯官璧斯瑪（Bismarck）爲使團譯人，諸使遞呈國書畢，鞠躬卽退；惟法使熱福理帶同譯員遞呈法國政府對於崇厚來法所遞國書之答書，僅留數分鐘卽行退出。此爲乾隆時馬戛爾尼覲見後之第一次覲見。其後新到之比俄等國使臣，則因穆宗崩殂，德宗冲齡，兩宮垂簾，未能入覲。後在一八九一年始又許各國公使入覲。先是第一次接見使臣之所在紫光閣，至是奧、俄、法等國使臣以其爲接見藩屬之所，請易他處，遂改在承光殿接見。一八九四年（光緒二十年）又將覲見之所，改爲文華殿。

總理衙門條詢諸事，最後一條爲傳教。天津條約訂立以後，外人傳教內地始有明文。顧天主教自羅馬教宗禁止入教之人祀祖祀孔以後，遂與數千年流傳之風習不能相容，因此常有教案發生。在天津條約訂立之前，教案尙少。締約以後，華人無論軍民有傳習天主教，會集講道，建堂禮拜者，地方官不得妄行查拏，違者與應得處分；並任法國傳教之士，在各省租買地土建造自便。傳教之士，挾外國武力而俱來；與唐代摩尼教之依附回紇而自存者無異，由是民教之間，又發生一種隔膜。加之教士間有干預公事，而教民往往有恃入教爲護符，欺侮良民者，坐是民教愈難相安。西醫外科常用手術，而病者所服藥劑，多爲華人所不識，素日憤恨教士者，遂誣教士有採生折割迷拐幼童等行爲。因上述之種種原因，各省皆發生教案。同治年間教案中之最大者，爲天津教案，得謂爲庚子仇教之先趣。

一八五八至一八六〇年間英法聯軍兩次佔領天津，津人積怨已深。一八七〇年（同治九年）六月初間，時值乾旱，謠言大起，有謂用藥迷拐幼童者，有謂義塚內有幼孩屍骨暴露，均係教堂所棄者，遂有謂天主教挖眼剖心製造藥劑者，紛紛謠傳，並無確據。六月六日天津府縣拏獲迷拐幼孩之匪徒二名，訊明正法。旋又拏獲迷拐幼童李所之武蘭玲一名，天津縣訊出有牽涉教堂王三等情。當時教民中容或有購買幼童送交仁慈堂修女收養之事，其心原無他也。十八日士子聚會於孔廟，民情洶洶，幾至暴動。當經天津知府張光藻出示曉諭始散，然對於迷拐幼童之事，未能剖白，民情愈惑。二十一日晨，天津府帶匪犯武蘭玲往教堂查問。同時法國領事豐大業（H. Fontanier）帶同隨員一人往見通商大臣崇厚，手持洋槍欲擊之。當經崇厚派員送回，詎意路遇天津縣劉傑，法領事又向其放槍未中。人民瞥見，怒憤已極，遂將法領事與所帶隨員群毆斃命。繼而焚毀教堂，殺法國教士與華籍教士各一人。法國使館譯員夫婦適在津亦被害。暴民等鳴鑼聚衆，將東門外之仁慈堂焚燒，修女十人悉皆遇難。此外被害者有法商夫婦二人，俄商一人，俄婦一人，英美教堂被拆毀者八所。紫竹林租界因有備，會大雨，遂免。嗣各國公使根據天津英美教士之陳述，認爲此案罪魁禍首，乃是天津府張光藻、天津縣劉傑、提督陳國瑞三人。二十四日公使團共同照會總理衙門，提出抗議。次日法國代辦公使羅淑亞（de Rochechouart）亦將所查該案情形備文送至總理衙門。三十日奉上諭命直隸總督曾國藩赴津查辦。並派崇厚出使法國，表示歉意。結果則拏獲滋事人犯數十名，先後正法者二十名，擬以軍徒者二十五名。天津知府知縣革職，發往黑龍效力贖罪。賠償損失二十一萬兩。死者恤銀二十五萬兩。

當時雖有外國使臣駐紮中國，中國並無使臣駐紮外國。一八六六年（同治五年）雖應總稅務司赫德（R. Hart）之請派遣知縣斌椿帶同中西隨員與學生數人往泰西遊歷，歷英、丹、瑞、俄、普、比、法等國而還，與中國國交及西方文化，毫無裨益也。次年又派美國駐京公使蒲安臣（Anson Burlingame）帶同志剛、孫家穀二員前往有約各國充辦理中外交涉事務大臣。一八六七年十月二十五日由京出發，從上海登舟赴美，歷美、英、法、瑞、丹、荷、普、俄等國。一八七〇年（同治九年）二月十一日蒲安臣感受風寒而歿於聖彼得堡。志剛等遊歷意國，而於一八七〇年十一月杪還京。蒲安臣好大言，沿途殊受各國優待，然於國交亦毫無所補云。

崇厚之奉使，既非遊歷，亦非辦理各國交涉事務，特爲往法國遞呈修好國書。天津教案了結之易，誠出乎總理衙門意料之外。殊未知六月二十一日天津發生教案，七月十五日巴黎民衆擊毀普魯斯大使館牖，十九日法國向普國宣戰，八月二日開火，九月二日拿破侖三世簽定降約，四日巴黎民衆推翻帝政，建設國防政府，十九日普軍包圍巴黎，至次年一月二十八日圍解。法國適當炮火連天之時，雖然「羅淑亞性情躁急，其水師提督尤暴燥非常」。不能在中國使用武力也。崇厚在一八七〇年十月二十八離中國，船抵馬賽時，普兵業已侵入法境，法國國防政府何來餘暇顧及天津教案。所以崇厚歷赴各地，尋求一負責任之部長而不可得，又焉能獲見業已退位之法帝乎。及至巴黎附近，適見巴黎革命黨焚毀宮殿衙署，火光燭天，應憶及十一年前圓明園之火，遂逃之紐約。後在一八七一年十一月二十三日始獲接見法國總統，而於一八七二年三月五日還京。

第六章 馬加理案

一八七三年（同治十二年）因美洲祕魯古巴等國有虐待華工事，又派陳蘭彬率領英法稅務司各一人前往調查。歸國後將華工被虐待情況，據實報告。次年六月二十六日與秘魯締約於天津；附有協定十六欵，中國得派員往秘魯調查華僑狀況。

英國勢力在華之發展，以南京條約爲第一階段，天津條約與北京條約爲第二階段，光緒元年

（一八七五）發生之馬加理案，因而締結之烟台條約爲第三階段。此案原爲小案，英使威妥瑪小題大作，藉以解決與此案毫無關係之種種問題。此案之眞相，迄今尙未大白於世。然其動因固甚明也。英國在一七八三年（乾隆四十八年）佔領 Arakan ，與印度境界相接，因而屢屢發生越境問題。一八二四年（道光二十二年）英國第一次用兵，一八二六年二月二十四日簽訂和約，緬因割讓 Assam Arakan Yeh, Tavoy, Mergui, Tenasscrim 等地，與其附近島嶼於英。後來因緬甸阻碍英國商業，虐待英國商民，一八五二年（咸豐二年）第二次用兵結果，又割據白古(Pegu)，由是大金沙江（Irawaddi）口屬於英人。一八六六年（同治五年）六月五日，法國派遣調察團從柴棍（Saigon 舊誤作西貢）溯瀾滄江（Mekong）而上，探尋通雲南之路。英國亦從緬甸通雲南，一八六八年（同治七年）一月十三日英國調察團從 Mandalay 出發，其目的蓋在一面調查從前自新街（Bhamo）至滇緬有三道可通貿易，現在何以閉塞；一面調察野人撣人所居之地。英調察團先抵大理時回亂正熾，難以通商，遂於是年九月折回緬甸。一八七三年（同治十二年）一月十五日大理城陷，雲南回亂得平，英國駐緬人員復又提出探尋緬滇通道之說，印度政府遂有遣派調察團之舉。駐京英國公使威妥瑪得到印度政府通知，囑派一通曉華語之幹員往緬滇迎接團員。威使乃遣繙譯官馬加理往。一八七四年（同治十三年）七月三十日威使自京電告印度總督，言總理衙門與英國駐京使館業已簽定護照二紙；一紙載明一人從中國赴緬，一紙載明四人從緬來華，次日總理衙門行文雲、貴、川、湘、鄂等省督撫命其沿途保護。一八七四年八月二十二日馬加理從上海溯江而上，歷湖南、貴州、雲南等省，經大理騰越，而於一八七五年一月十七日抵新街。

英國調查團以副將柏郎（H. A. Browne）爲團長，隨帶測繪員一人，醫師一人，繙譯一人，僕役數人，衛隊印兵十七人，緬兵一百五十人。二月十八日抵滇，緬交界處之南平江，有來自蠻允之緬人密告，李協台現與野人酋長同謀設伏，阻止英人入華境。馬加理在數日前曾蒙此李姓官員接待，不信此緬人言，於次日携帶僕從（內有李協台之親屬一人）前進。馬加理甫出發，山中又有人來報告柏郎，言蠻允地方有中國軍隊集合，由一楊大人與上述之野人酋長統帶，將來攻擊團員。二十日馬加理有信來，言道路平安。二十二日晨，柏郎等被華兵三面包圍，統兵者卽是李協台之侄，同時又有土人來報，昨日馬加理與其隨從皆被殺害。柏郎衛隊開槍擊斃數人，以勢不能敵，遂退至新街（二月二十六日）。而新街英國專員已早在二月十六日作書告柏郎，言將有人來襲也。則馬加理與隨從之華人於二月二十一日在蠻允地方被害，僅一王姓者得免此案雙方各持一說：中國方面以爲兇手是山中野人，英國方面以爲官方主使。以常理論，此案不難由總理衙門與英國公使在京解決，孰知有不然者，乃成爲光緒初年一種最困難之交涉。

英國外相首先得到柏郎調查團被阻消息，電告駐京英使威妥瑪，英使立即照會總理衙門。三月十二日由總理衙門請旨飭下雲、貴總督劉嶽昭，雲南巡撫岑毓英確切查辦。三月杪英使派參贊格維訥（Grosvenor）帶同譯人 E. C. Baber 赴滇調查；而同年六月兩湖總督李瀚章亦奉朝命赴滇查辦。詎意英使威妥瑪在八月十一日提出節略，所要求解決者不僅馬加理案昭雪問題，而且涉及優待駐京公使問題，與改良商業問題。節略所言滇案問題則云：「有一件要緊事情，未曾打柏參將之時，有許多禮拜，聞中國與緬甸人已曉得中國預備許多兵要打柏參將。後來在英二月二十二日，果然有中國兵打柏參將之事。打過後，有緬甸人寫信與緬甸人，中間有人將信拏住。信內說有中國官兵帶兵由摩民（騰越）地方下來。此武官分付緬甸人，寫信通知緬甸人，要離開英人。因將來要將英國人一起滅卻」。此外又提出無關滇案諸事。「一、中國與他國如要保護無事，眼前既有嫌隙，就此時要將中國官員與外國官員所有往來交際各事，由中國自行改變。故此我告訴恭王，要與我一個憑據，將英國條約，第四款優待之處，必得照約而行。如果現在皇上冲齡，皇太后垂簾聽政，不能照約請覲，則外國欽差駐紮北京所有優待之處，儘可實心辦得到。即如京中各省有外國官員在彼，亦可與中國各大員往來，亦非商議公事。其洋務仍應歸總理衙門辦理。不過是格外顯出朋友交情，將就外國規矩，照條約共敦和好之意」。「一、中國朝廷必須盡力將條約令通商口岸，及內地各處，一律遵守。現在辦理各事，有的地方生意減少，與別的地方有礙於生意，不但中國稅項少收，外國商人亦復受害。以上所說要改變的法則，都包在內，均要作到」。「中國朝廷必須派一欽差大臣赴英國，與英國衙門說明雲南之事，朝廷實覺過意不去。此位大臣往英國時，來往須由印度國經過，詢問印度總督將來英國由緬甸通商到中國地界，應如何辦法」。「一、派欽差到英國上諭，必須刻在京報」。

此節外生枝之派使臣，與訂交際兩問題，不待滇案條約成立，早已解決。八月己巳（陽曆九月四日）上諭候補侍郎郭嵩燾派充出使英國欽差大臣，郭之奉使蓋爲呈遞「中國朝廷惋惜滇案璽書」，與崇厚之齎書國書往法國「用昭久遠和好之美意」異曲而同工，皆道歉也。八月癸巳（陽曆九月二十八日）上諭允許各部大臣與各國駐京大臣來往。改良通商一事，則備見烟台條約。

至若馬加理案中國說法與威妥瑪不同。一八七六年（光緒二年）四月二十日李瀚章等奏稱「馬加理由騰越赴緬甸境新街後，與柏郎會合，初擬由拱硐南坎入滇之永昌府一路行走，迨拱硐被馱貨野人損壞行李，復折回新野，改由蠻漠前進，於光緒元年正月十三日（一八七五年二月十八日）行抵南平河。有路人告知護送英員之緬官，謂戶宋河有匪徒攔路。柏郎惑之，馬加理以沿途皆已經過逕自進發。十五日仵宿蠻允之緬佛寺，次日意欲往迎柏郎，行到戶宋河，即遇久慣路刦之山匪，而通此騰郡等，糾約碙夥，附以逃峒地匪約百餘人，向索過山禮。馬加理開槍，斃其夥匪一名，匪衆一齊上前，將馬加理及其賓從四人，一併殺害，刦去隨行馬匹什物，及緬佛寺內行李。看守之漢人一名，當時逃去。此馬加理在戶宋河被戕之情形也。柏郎自馬加理由南平河分身後，越日亦卽前進，行至雪列地方，因行囊食物未到，仍回南平，留從人石雨田在雪列，與馬加理先行帶往後留在彼聽信之通事李含興等候前途消息。柏郎於十七日在班西山下，被衆三面合圍，阻其去路，經護送印度緬甸各兵，開槍擊斃數人，並於後路樹林放火，始各潰散。其在場目擊者，卽刦殺馬加理之騰郡。因南平馱載甚多，復糾夥往刦。據供其中有就地山匪，有內逃出漢奸，及業已正法逆犯李幗論之子李發，餘黨不期而會者，共約近二千餘人等語。此柏郎在南平河被阻之情形也。當馬加理之旣西也，騰民聞知地方官示諭，洋員往來照約護送，本無他意，惟騰境自逆犯倡亂十有餘年，賴闔境有國初舊立都團，名爲十八練，殺賊克城，已革副將銜參將李珍國實爲團首，卽英駐京使臣威妥瑪照會所稱李協台卽李四者也。因頻年勦散餘匪潛伏關外，時圖報復，騰民恐其諜知帶兵來滇，乘機混入，以李珍國正在千崖屬邑，奉札解散波三海馬二股匪事宜，函促回騰齊團保境。檢查紳衆原函，只囑李珍國會團守衛，初非計阻洋兵。奈李珍國並不回騰，竟自居間發難，布置截阻，揮霍犒金，欲爲攤索資費地步。嗣函紳衆，極力鋪張。紳等力難禁遏，遂各自集團防守境內。據總兵李勝密訪，及蔣宗漢吳啓亮等同供，該練地實無團勇出境。李珍國原信，已據紳衆呈繳。研訊將宗漢吳啓亮等，僉供：李珍國密謀，事前實不知情，事出之後，始聞人言及之。此查出李珍國計阻洋人入境之情形也」。

此爲英國派員觀審後，中國方面之定讞，與英使節略所開者，似乎相合。然英使以爲「李珍國是奉憲諭，岑毓英是奉旨」。「其根由在朝廷大吏，均以攘外爲心也」。威妥瑪久居中國，熟悉中國情勢，看透官吏庸懦；在此案發生之初，卽照會總理衙門十餘次，「並牽涉覲見稅務及各口未結等案，內稱若弗照行，從此絕交，該館所住各員，全行出京等語」。藉此案爲改進商業等種種要求。中國方面以爲先結馬加理案，此外通商各節，徐與理處，庶抽薪止沸，不致爲所挾持。孰知英使派員赴滇觀審以後，又要求將岑毓英，以及各官各犯，必須提京審訊。對於中國方面，始終用訛詐方法。而對於外交團，則用「獨行」政策，所以提出之要求，各國公使不知。迨一八七五年（光緒元年）九月二十八日，京報公佈允許各部院大臣與各國駐京公使往來之上諭以後，各國公使始於九月三十日群赴總理衙門提出抗議，以爲關係各國之事，應先由各國公使預聞。英使派員赴滇名曰觀審，實是調查。英國派員於一八七六年（光緒二年）三月六日抵雲南。及其還也，作成報告兩件：一、關於所經各地之商業報告，一、關於中國西南各地之地理報告。則柏郎調查團所欲調察之事，已由英國觀審人員格維納等繼續完成矣。此外只將整頓通商要求允許，馬加理案即可了結，所以烟台約成後，上諭中引有英使請勿懲辦各犯之語：「惟據英國大臣開送節略內稱，參贊格維納等所報情形，逐層核對。查湖廣督臣李瀚章等原訊供證，指出李珍國等爲案內要犯，雖案中國律例可作爲定罪之據，若案英國例法評議，仍似難稱信讞。如對前項人犯治罪，英國未能視爲允協，轉恐更滋疑慮。此案被戕被阻，皆係英員，因思西國理教所重，倘僅責其既往，莫若保其將來。竊請將現在帶案候辦之人，毋致懲辦等語」。可見其並不重視本案也。英使威妥瑪始而赴津，繼而赴滬，終赴煙台，皆有作用。赴津者避開各國公使耳目，並希望直督李鴻章負責交涉。李鴻章記錄威使談話有云：「馬翻譯被戕之事，亦算不得什麼，總是和局要緊。至咸豐十一年（一八六一）到今，中國所辦之事，越辦越不是，就像一個小孩子，活到十五六歲，倒變得一歲了」。「總署向來遇事總云從容商辦，究是一件不辦。今日騙我，明日敷衍我，以後我斷不受騙了」。「丹國是一小國，我國還許他自主，何況中國？但中國自周朝以來，常說內修外攘，試問至今內修若何，外攘能否？今不改變一切，恐終不能自主。非獨我一人意見，各國官民皆如此說」。赴滬者略示恫嚇之意，以爲若不答覆要求，便卽下旗回國。一面又授意總稅務司赫德，本人要往煙台，最好派李中堂到煙台會商。由是一八七六年（光緒二年）七月二十八日，上諭命李鴻章爲全權大臣，即赴煙台與英使臣威妥瑪會商一切事務，九月十三日雙方簽訂烟台條約。

此構成中英國交第三階段之烟台條約，分三端一專條。第一端昭雪滇案；五年之內，或期滿之時，由英駐滇官員斟酌定期開辦通商；印度派員調查，在滇被害人員家屬，應給卹款二十萬兩；俟此案議結時，奉有中國朝廷惋惜滇案璽書，應即由欽派出使大臣，尅期起程，前往英國。第二端優待駐京公使與各口領事官；規訂兩國審判案件各官交涉事宜。第三端通商事務；各通商口岸租界免收洋貨厘金；增開宜昌、蕪湖、温州、北海、四處爲通商口岸；英國可以派員駐寓重慶，惟輪船未抵重慶以前，英國商民不得在彼居住，開設行棧；沿江之大通、湖口、武穴、陸溪口、沙市等處暫准輪船停泊，上下客商貨物，皆由民船起卸。專條：現因英國酌議派員，由中國京師啓程前往，偏歷甘肅青海一帶地方入藏，以抵印度，爲探訪路程之意。所有應發護照，並知會各處地方大吏，暨駐藏大臣公文，屆時當由總理衙門妥爲辦給。儻若所派之員，不由此路行走，另由印度與西藏交界地方派員前往，中國接准英國大臣知會後，即當行文駐藏大臣，派員妥爲照料，並發給護照，以免阻礙。此約有兩點頗爲重要：一、自是以後中國始有常設駐外公使；二、英國勢力從此侵入西藏。約中有三點並不關係英國一國：如交際，會審，厘金三項，其他各國公使皆未承認；所以俄、德、美、西、法諸國，公使在一八七六年（光緒二年）十一月會議決定目前不提覲見問題，而對於烟台條約之三點，亦不與總理衙門談判。

卷二　西力侵蝕時代

第一章　伊犂事件

咸豐同治年間（一八五一——一八七四）中國接續有三大內亂，髮亂，（一八五〇——一八六五）捻亂，（一八五三——一八六八）回亂。回亂地域，雖不及髮亂之廣，然蔓延中國西部，歷時二十餘年；雲南回亂在先，（一八五五——一八七二）陝甘回亂繼之，（一六六二——一六七三）新疆回亂又繼之。（一八六四——一八七八）。新疆回亂有漢回，有纏回，且有邊外浩罕境內之回民。浩罕有阿古柏（Yakub）者，原爲屠戶養子，後因妹嫁回酋，因而領兵，貴爲伯克（Băg）。一八六三年秋，回人作亂於葉爾羌。次年阿古柏奉張格爾之子入新疆，佔據喀什噶爾，一八六五年春，佔葉爾羌；一八六七年春，佔和闐；同年秋佔阿克蘇、庫車；一八六九年春，佔色勒庫爾；南疆盡陷。一八六六年阿古柏廢張格爾子而自立。時天山北路有安得璘亦據烏魯木齊稱淸眞王，並攻陷伊犂九城，其勢甚大。同時俄國勢力亦在中亞發展，一八六五年佔領塔什干，次年建土耳其斯坦省，即以此城爲都會。先是一八五一年中俄締結伊犂條約，中國許俄商在伊犂、塔爾巴哈台兩地通商。則在當時俄國不僅中亞境界相接，而且兼有經濟利益矣。時與俄國，角逐於中亞者，尚有英國，既見阿古柏佔有南疆，乃於一八七〇年及一八七三年派遣使臣至阿古柏之都城葉爾羌，與之修好。而俄國亦在一八七二年派遣使臣與阿古柏締結通商條約。

中國每經一次大亂，俄國必謀侵蝕疆土，此亦最好時機也。於是在未遣使赴葉爾羌之前一年，（一八七一年，同治十年）七月四日以兵力佔據伊犂，其目的蓋一方面使新疆回亂，不致延及俄領；一方乘勢佔領中國領土，以爲後日要脅中國地步。佔領以後，由俄國駐京使臣通知總理衙門，稱已將伊犂代爲收復，並欲帶兵前往，收復烏魯木齊。當時中國回亂正熾，而陝甘回亂未平，不特不能用兵平亂，而且餉糈運輸之路不通；俄國此擧，較之璦琿一役狡詐尤甚。及中國派遣伊犂將軍榮全前往伊犂與俄國土耳其斯坦總督高甫滿（Kauffmann）會商接收伊犂事宜，而俄國方面又藉詞亂事未平，暫時未能交還。其後亂事平息，又謂須將通商交涉各案，先行辦結，方可交還。與締結璦琿條約以前之狡賴，如出一策。

同時英國亦欲利用阿古柏之地，建設一緩衝國於南疆，故官軍進取烏魯木齊時，英使威妥瑪致書總理衙門爲阿古柏緩頰。及阿古柏死，英人又恐俄國勢力南下，乃建議於中國政府，請許南疆自爲一國。左宗棠抗疏論之，略言：「安集延本浩罕回部之一，浩罕爲俄所幷，安夷遂謟附英人。上年官軍克復北路，英人乃爲居間請許其降，而於繳還各城縛獻叛逆，緊要節目一字不及。今復以保護立國爲詞，雖是西洋通法，然安集延非無立足之地，何待英人別爲立國。卽欲別爲立國，則割印度與之可也，何爲索我腴地以市恩。且喀什噶爾本古之疏勒國，漢代已隸中國，固我舊土也。英人藉詞保護，圖佔我邊方名城，直以喀什噶爾爲帕夏固有之地，其意何居」？安夷安集延並爲阿古柏與所部之代稱，而帕夏乃其未稱汗以前之官號也」。

如上所述，當時之新疆，俄國侵佔於北，英國窺伺於南，而東路通行所必經之肅州，又爲甘回所盤踞，欲平其亂，其事至難也。加以同時防海之議起，有以停塞防而營海防之說進者。同治十三年（一八七四）直督李鴻章之奏議，可以代表此派意見，其說略曰：「原奏籌餉一條，近日財用極絀，人所共知，欲圖振作，必統天下全局，通盤合籌而後定計。新疆各城，自乾隆年間，始歸版圖。無論開闢之難，卽無事時，歲需兵費尚三百餘萬，徒收數千里之曠地，而增千百年之漏卮，已爲不值。且其地北隣俄羅斯，西隣土耳其、天方、波斯各回國，南近英屬之印度，外日強大，內日侵削，今昔異勢，卽勉圖恢復，將來斷不能久守。屢閱外國新聞紙及西路探報，喀什噶爾回酋新受土爾其回部之封，並與英俄兩國立約通商。是已與各大邦勾結一氣，不獨伊犂久居已也。揆度情形，俄之蠶食，英必分其利，皆不願中國得志於西方。而論中國目前力量，實不及專顧及西域，師老財痡，尤慮別生他變。曾國藩前有暫棄關外，專淸關內之議，殆老成謀國之見，今雖命師出將，兵力餉力，萬不能逮。可否密諭西路各統帥，但嚴守現有邊界，且屯且耕，不必急圖進取。一面招撫伊犂、烏魯木齊、喀什噶爾等回酋，准其自爲部落；如雲、貴、粵、蜀、之苗猺土司，越南、朝鮮之略奉正朔可矣。兩存之則兩利。俄英既免各懷兼併，中國亦不至屢煩兵力，似爲經久之道。況新疆不復，於肢體之元氣無傷，海疆不防，則腹心之大患愈棘，孰重孰輕必有能辨之者。此議果定，則已經出塞及尙未出塞各軍，似須略加覈減，可撤則撤，可停則停。其停撤之餉，卽勻作海防之餉。否則只此財力，既備東南萬里之海疆，又備西北萬里之餉運，有不困窮顚蹶者哉」。

此爲英法等國求之而不得者；洵採此說，則俄據天山以北，阿古柏自主天山以南，新疆非復中國有矣。幸有陝甘總督左宗棠力排衆議，主張用兵，先平內亂，再籌收復失地方法。其光緒元年（一八七五）奏疏駁主守之說云：「高宗先平準部，次平回部，拓地二萬里，北路以西，以伊犂爲軍府，南路以西，以喀什噶爾爲軍府。當盈廷諸臣頗以開邊未已，耗斁滋多爲疑，而聖意固深，不無所動。蓋立國有疆，制置方略各有攸宜也。謹案天山南北兩路，舊有富八城窮八城之號。北自烏魯木齊迤西，南自阿克蘇迤西，土沃泉甘，物產殷富，舊爲各部腴疆，所謂富八城者也。其自烏魯木齊迤東四城，地勢高寒，山谿多而平川少；哈密迤南而西抵阿克蘇四城，地勢褊隘，中多戈壁，謂之窮八城者也。以南北兩路而言，北八城廣，而南八城隘，北可制南，南不能制北。故當準部強盛時，回部被其侵削，後爲所幷。高宗用兵準部以救回部。準部既平，回部降臣河逆又公行背叛，妄冀踞其舊有腴疆，自成戎索。天威所臨，兇豎授首，遂併回部有之。腴疆既得，乃分屯列戍，用其財賦，供移屯之用，節省鎮迪以東征防緜費實亦不少。今若畫地自守，不規復烏垣，則無總要可扼，卽烏垣速復，馳守有地，而烏垣南之巴里坤、哈密，北之塔爾巴哈臺，各路均應增置重兵，以張犄角，精選良將，興辦兵屯民屯，招徠客土，以實邊塞，然後兵漸停撤而餉可議節矣。屆時戶部按其實需經費，酌撥各省協餉，嚴立程限，一復道光年間舊制，則關內外或可相庇以安。若此時卽擬停兵節餉，自撤藩籬，則我退寸而寇進尺，不獨隴右堪虞，卽北路科布多，烏里雅蘇臺等處恐亦未能晏然。是停兵節餉於海防未必有益，於邊塞則大有所防，利害攸分，亟宜熟思審處者也」。

疏入報可。先是官軍收復肅州（一八七二）後，卽遣軍往哈密屯田，以供軍食。至是士飽馬騰，於是定進兵之策。光緒二年（一八七六）左氏附片陳新疆賊勢云：「再烏魯木齊踞逆，本地土匪居多。逆首白彥虎所帶陝回及甘肅從逆之回踞紅廟子、古牧地瑪納斯等處，而皆與南路踞逆回酋帕夏通，帕夏即敖罕（浩罕）部安集延回酋和碩伯克也。帕夏當即伯克轉音。俄羅斯即滅敖罕踞其塔什干都城，敖罕所部安集延獨免。同治四年（一八六五）乘回部之變，入踞南路喀什噶爾及各回城，於是吐魯番闢展以西土回皆附之。帕夏能以詐力制其衆，又從印度多購西洋槍炮，勢益猖獗，陝甘竄踞之逆，及本地土回均倚之爲重，然不敢顯然與俄羅斯較，是俄兵之强可知。俄人頗言其狡悍，異於諸賊，以敖罕向未用西洋槍炮，安集延多洋槍隊，而帕夏又能用其衆，是安集延之强可知。官軍出塞，自宜先剿北路烏魯木齊各處之賊，而後加兵南路。當北路進兵時，安集延或其醜類與陝甘竄逆及土回合，勢死抗官軍，當有數大惡仗。如天之福，事機順利，白逆殲除，安集延之悍賊亦多就戮，由此而下兵南路，其勢較易，是致力於北，而收功於南也」。

其後左氏用兵，即本此策。當時英國政策頗不欲中國進兵平復回亂，故先是朝議遠征勞費，欲封阿古帕爲外藩時，英使威妥瑪曾爲之力請。俄國政策適與英國異，彼固欲利回亂，而侵蝕中國疆土，然不願建設一回教强國，而貽後憂也。所以中國進兵時，遣遊歷官索思福諾斯齊詣行營謁宗棠言：「俄皇立意與中國永敦和好，故令其前來。回逆馬海乞降，納款，俄皇斥其爲賊，拒之境外，原俟回疆漸定，即將伊犂交還」。又稱：「俄國在山諾爾地方産糧甚多，駝隻亦健，距中國古城地方不遠。如中國需用糧食，伊可代辦，送至古城交收」。宗棠當與立約，定購三百萬斤。索氏遣人告知其地巡撫，據稱斷不致悞。由諾爾疑卽齊桑泊，蓋其運道經過布倫托海而至古城也。

光緒二年（一八七六）夏，劉錦棠、金順、會師阜康，攻克古牧地，乘勝復烏魯木齊及瑪納斯北城；秋克瑪納斯南城，北路肅清。次年（一八七七）春三路進兵，歷下達坂、托克遜、吐魯番、闢展諸城，南道東路肅清。阿古柏於是年五月二十九日在庫爾勒得瘋疾死。嗣後官兵所至，如同破竹，十月十九日下阿克蘇，十二月二十一日下葉爾羌，二十六日下喀什噶爾，一八七八年一月四日下和闐，南疆盡平。僅俄據伊犂一帶，尚未收復也。

先是中國索取伊犂，俄使云俟中國克復烏魯木齊後，方可接收。迨中國將烏魯木齊等城克復，又向俄使索取，俄使又謂中國須將通商交涉各案先行辦結，方可會議交還。中國疆吏並致書土耳其斯坦總督；反覆開陳，卒不報。總理衙門以俄國邊帥不顧大局，食言背約，非盡由其朝廷教令使然；以爲非簡派大臣逕詣俄京商議不爲功。一八七八年六月朝命吏部侍郞崇厚出使充全權大臣，赴俄款議。是年十二月三十一日，崇厚抵俄；一八七九年一月八日，經俄皇召見，俄皇並電召北京使臣布策（Butzow）星馳回國，與崇使開議於聖彼得堡。布策貌示退讓，還我伊犂，而索我伊犁西南地段，及通商設領償費諸端。崇厚不審察利害輕重，冒然從之。先是伊犁叛回得俄人之縱庇，至是恐交還被誅，紛竄俄境，故布策先以恩赦爲請，崇厚亦許之。是年十月二日，崇厚赴黑海之 Livadia，簽訂條約十八款，所失土地權利之多，雖戰敗國亦難接受也。條約第七款稱中國接收伊犁後，霍爾果斯河西及伊犁西南之帖克斯河歸俄屬。第八款稱塔城界址擬稍改，是於同治三年議定界內劃去西南地段不少，伊犁勢處孤立，控守彌難，況山南要道，可達南疆，尤關全局。第十款於舊約喀什噶爾、庫倫，設領事官外，增出嘉峪關、烏里雅蘇台、科布多、哈密、吐魯番、烏魯木齊、古城七處，酌設領事。第十四款，併有俄商運俄貨走張家口、嘉峪關、赴天津、漢口、過通州、西安、漢中、運土貨回國同路之語。

電傳到京，輿論大譁，廷臣交章劾崇厚奉使辱命，貽誤大局，請旨褫職交刑部治罪，從之。總理衙門奏請勅下疆臣與議，迅圖補救。疆臣有主批准者，有主不批准者，左宗棠復奏則主張「先之以議論，決之以戰陣」。並稱：「俄人占踞伊犁之始，謂俟我克烏魯木齊，瑪納斯即當交還。比官軍連下各城，並克復南疆，而俄不踐前言，穩踞如故，方且庇匿叛逆，縱其黨類，肆出竊邊。上冬今春，陝回及布魯特汗安延集條勒入犯時，官軍獲生賊，訊供搜有俄官路票。昨次布魯特安集延諸賊，由俄境阿來地方出竄，經官軍剿洗殆盡；漏網數十人，仍遁匿俄境。據活賊口徒，亦由俄官縱造所致。四次縱賊犯邊，官軍追賊均未越俄境一步。我之守約如此，彼之違約如此，尚何信義可言？當崇厚與俄官議交伊犂時，俄人首以恩赦爲請；並以曉示難於徧及爲慮。崇厚奏明，諭旨敕臣照辦。臣謹遵旨，並會同金順出示曉諭伊犂、漢、陝、纏土各回民等，宣布皇恩，以安反側。金順卽派提督段華廷齎示前赴伊犂張帖。俄官七河巡撫，忽變前議，將段華廷摺回，不令貼示，藉稱應候圖耳齊斯坦總督回信。比金順二次遣段華廷復往探詢，七河巡撫竟派人阻之伊犂境外，不准復入。似此任意把持，不獨違慢朝旨，並置其君與外部諸臣成議於不顧，其悖謬又如此。俄之佔踞伊犂也，將大城西北三城廬舍隳爲平地；迤東淸水河、塔爾奇、綏定、三城均毁棄以居漢回。蘆草溝城、磐子等處，均棄而不守，而取各城堡木料，於大城東南九十里金頂寺營造市廛幾二十里。臣上年十月二十二日覆陳摺內已畧言之。玆據金順錫綸所言伊犂情形亦同。察俄人用心，殆欲踞伊犂爲外府，爲佔地自廣，藉以養兵之計，久假不歸，布置已有成局。我索舊土，俄取兵費鉅資，於俄無損而有益。我得伊犂，只賸一片荒郊，北境一二百里間皆俄屬部。孤注萬里，何以圖存？況此次崇厚所議第七款接收伊犂後，陬爾果斯河及伊犂山南之帖克斯河歸俄屬。無論兩處地名中國圖說所無，尚待詳考，但就方向而言，是劃伊犂西南之地歸俄也。自此伊犂四面俄部環居，官軍接收，墮其度內，固不能一朝居耳。雖得必失，庸有幸乎？試事不競之秋，有割地求和者矣。玆一矢未聞加遺，乃遽議捐棄要地，饜其所欲，譬猶投犬以骨，骨盡而噬仍不止。目前之患既然，異日之憂何極，此可爲嘆息痛恨者矣」。飭請簡師出屯哈密，規復伊犂。奉旨：「俄約見須另議，將來如何須歸宿，尙難逆料。目前事機未定，兵端固不可自我而開，然固宜先事圖維，以期有備無患。該大臣可於籌防之後，相度機宜，與金順等妥商調度；並隨時偵探伊犂情形，愼密籌辦，以免疏虞」。於是宗棠分兵四路，進規伊犂，舁櫬馳抵哈密。

觀此情形，中俄勢不免於一戰。當時駐京各國使臣，見崇厚下獄，疑爲排外派反對總署政策之表示，群赴總署爲崇厚緩頰（二月六日），因是將崇厚死罪改爲斬監候（三月三日）。各國使臣，恐中俄戰起，外國利益受有損害，乃共同決定，停泊天津之砲艦兩艘，暫不開出並將英、法、德、美四國海軍，集中於上海。當時俄國政府，雖以爲條約之破裂，與簽約者之定罪爲無理由，然無作戰之意，謹申明暫時在伊犂一帶，增加戍兵，並在俄屬亞洲邊境各處，派兵守衛，等待中國方面建議之提出。並於一八八〇年（光緒六年）七月派遣艦隊至中國海中，以示雖不欲戰，然無畏戰之意。英法兩國對於此事，力主和平了結。法國根據其聯俄政策，恐俄國有事於東方，而防礙其在歐洲之活動。英國正吞蝕埃及，無力兼顧遠東之事，亦恐俄國戰事勝利，勢力擴張。於是英法兩國，一面勸告俄國減少要求，一方勸告中國與以退讓。並不惜正式爲崇厚求寬免。當時只有德國希望戰事。其駐京公使巴蘭德（Brandt）且有「渾水摸魚」之語。一八八〇年十一年十二日法國駐德大使，致法國外交部長之信札有云：「德國當局對於此案，明白表示置身事外；不但毅然拒絕英國提出之歐洲各國調解動議，而且聲明歐洲各國之干涉，尤其是德國之干涉，足以啓俄國之疑忌，而使之行爲愈趨激烈」。

中國方面，亦有主張和平退讓者。直督李鴻章議主棄地，奏言：「崇厚全權出使，不可謂無立約之權，若先允後翻，其曲在我。既失伊犂，而復居不直之名，爲各國所訕笑，所失更多。且彼必仍以分界修約爲詞，時相促迫，促迫不已，必生兵端，中俄接壤約萬餘里，防不勝防，邊衅一開，恐僅照現議亦不可得。祇有於立法用人二者，隨宜設法，徐圖補救」等語。並請出崇厚於獄，以謝俄人。會前常勝軍統將戈登有印度之行，總稅務司赫德急召之來京，囑其游說公卿，以免戰禍。是年七月二十九日戈登曾密語英法二公使云，中國亦知禍患當前，願作退讓，將伊犂完全割讓與俄國；賠償俄國兵費，其額由一友好國家定之；俄國商人所受損害，亦與撫邺；遣崇厚出差赴津。此語疑出李鴻章授意。崇厚固在是年八月十二日出獄，然伊犂並未割讓於俄。但見當時朝臣疆吏，意見不一，各趨極端，幸有曾紀澤爭持於外，否則伊犂非復中國有矣。

崇厚於一八八〇年一月三日還京，二月十七日奉上諭派曾紀澤爲出使俄國欽差大臣。紀澤隨在出使英法任內，奉命後於七月三十日抵聖彼得堡。時俄國以崇厚定界，不許中國使臣呈遞國書。八月十三日救崇厚，同月二十二日紀澤始得覲見俄皇。當時國內主戰主和主守意見不一，出使外國者，無所根據，所以曾紀澤於起程以前奏呈管見云：「竊伊犁一案，大端有三：曰分界、曰通商、曰償款。籌備之法亦有三：曰戰、曰守、曰和。言戰者謂左宗棠、金順、劉錦棠諸臣，擁重兵於邊，席全勝之勢，不難一鼓而取伊犁。似也。臣竊以為伊犁地形嚴險，攻難而守易，主逸而客勞。俄人之堅甲利兵，非西陲之回部亂民所可同日而語。士兵履險地以犯強鄰，直可謂之孤注一擲，不敢謂為能操必勝之權也。不特此也，伊犁本中國之地，中國以兵力收回舊疆，於俄未有所損；而兵戎一啟，後患方長，是伊犁雖幸而克復，祇可為戰事之權輿，而不得謂為大功之已蕆也。俄人恃其詐力，與泰西各國爭為雄長，水師之利，推廣至於東方，是其意不過欲藉伊犁以啟釁端，而所以擾我者，固在東而不在西，在海而不在陸。我中原大難初平，瘡痍未復，海防甫經創設，布置尚未悉周。將來之成效，或有可觀，第就目下言之，臣以折衝禦侮之方，實未能遽有把握又何況東三省為根本重地，邇北一帶，處處與俄毗連，似以鞭長莫及之勢，一旦有急，尤屬防不勝防。或者謂俄多內亂，實緣地瘠民貧，無業亡命者衆也。俄之君臣常喜邊陲有事，藉侵伐之役，以消納思亂之民。此該國以亂靖亂之霸術，而西洋各國之所稔知。凡與接壤者，因是而防之益嚴，疑之益深。顧未聞有幸其災而樂其禍者，職是故耳。……言守者謂伊犂邊境一隅之地耳，多與金錢多與商利以獲之，是得邊地而潰腹心，不如棄之，亦足守吾所固有。伏維我朝自開國以來，所以經營西域者至矣。康熙雍正之間，運餉屯兵，且戰且守，邊民不得安處，中原不勝勞敝，而我聖祖世宗不憚勤天下之力以征討之，良以西域未平，百姓終不得休息耳。迨至乾隆二十二年（一七五七）伊犂底定，西陲從此安枕，腹地亦得以息肩。是伊犂一隅，固中國之奧區，非僅西域之門戶也。第就西域而論，英法人謂伊犂全境，爲中國鎮守新疆一大炮台，細察形勢，良非虛語。今欲舉伊犂而棄之，如新疆何，更如大局何？而說者又謂姑紓吾力，以俟後圖。然則左宗棠等軍將召之使還乎？抑任其逍遙境上乎？召之使還，而經界未明，邊疆難保無事，設有緩急，不惟介卒無以應變，即招集亦且維艱。任其久留，無論轉餉浩繁，不可以持久也。夫使歲費不貲而終歸有用猶之可也。若竭天下之力，以注重西陲，歷時既久，相持之勢，漸有變遷，典兵者非復舊人，將帥之籌畫不同，兵卒之勤懈不一，誠恐虛糜餉糈，仍歸無用，而海防之規模，亦因之不能逐漸開展，則貽誤實大。此固廷臣疆臣所宜及今統籌全局，不可視爲日後之事，而忽之者也。我皇太后皇上憫念遺黎，不忍令其復遭荼毒，遣派微臣，思有以保全二百年來之和局，則微臣今日之辯論，仍不外分界、通商、償款三大端。三端之中，償款固其小焉者也。即就分界通商言之，則通商一端，亦似較分界爲稍輕。……臣愚以分界旣屬永定之局，自宜持以定力，百折不回。至於通商各條，惟當卽其大甚者，酌加更易，餘者似宜從權應允。……日後之事，不外三途。一曰俄人不允則猝干戈，聲罪致討，此戰之說也。廟堂自有勝算，非使臣之所敢議也。一曰俄人不允則暫棄伊犂，存而不論，此守之說也。是邊境不可稍讓，而全境轉可盡讓也，臣亦未敢以爲是也。一曰俄人不允，然後取現今之所駁者，陸續酌允，委曲求全，此和之說也。然則目前之所駁，是姑就吾華之公論，聊以嘗試之耳。嘗試不效，乃復許之，此市井售物擡價之術，非聖朝所以敦信義以馭遠人之道也。俄人本以詐爲能事，若此時逐條駁改，日後又不得已而允之，則將益啓其狡譎之謀。且使西洋各國從而生心，誠恐此次伊犂約章，所挽回者無幾，而從此中外交涉之務，議論日以滋多。臣所以言分界之局，宜以百折不回之力爭之，通商各條，則宜從權應允者，蓋以准駁兩端，均貴有一定不移之計，勿致日後爲事勢所迫，復有先駁後准之條，此臣愚昧之見也」。

紀澤見事甚明，又能權衡輕重，成約得改，雖因俄國備戰尚未成熟，與英法從中斡旋，有以致之，然亦紀澤折衝之力也。紀澤呈遞國書後，行文俄外部，遵總署奏明駁准各款，摘要敍爲六條，委婉開導。其照原議駁改者：如伊犂須全行交還，塔喀兩界仍照舊址，領事祇添設嘉峪關一處，關外各處不能概行免稅等事。其照原議允許者：如嘉峪關准其通商設領，張家口准俄商建行棧等事仍聲明其餘節目，俟大綱商定，再行確議。俄廷以爲指駁太多，無可商，拒之。且言俄皇命遣使臣布策赴中國北京議定，無庸在俄京開議，詞頗決絕。紀澤密電以聞，上諭著遵前旨，爭重讓輕，力圖轉圜，總宜在俄京定議爲是。紀澤疊次晤商俄外部總辦熱梅尼（Jomini）始收回成命，仍令布策在俄開議。嗣後往返會商，辯論至數十萬言，互相爭執，幾至決裂。俄皇重念邦交垂二百年，不願遽傷和好，諭令外部，無使中國爲難，於無可相讓中再行退讓。但此退步後，當即定議等語。外部始不敢固執前議，允將伊犁全境交還，塔略界址，仍俟兩國派員勘定。而我亦允其添設領事通商貿易，並酌增償費盧布九百萬圓。於是商務償款界務三大端，均有成議。凡崇厚原約所損失者，多所救正矣。紀澤奏陳議約先後情形，略曰：「俄外部送來照會兩件，節畧一件，第一照會言此次允改各條，中國若仍不允，則不得在俄再議，且將外部現允商改之事，全行收回。第二照會言交收伊犁辦法二條。節略中則歷敘先改之事，約有七端。第一端曰交還伊犁之事，查原約中伊犁西南兩境分歸俄屬。南境之帖克斯川，地當南北通衢，尤爲險要，若任其割據，則俄有歸地之名，我無得地之實。雖暫舍西境不提，專爭南境，相持多日，始允歸還。然猶欲於西南隅割分三處村落，其地長約百里，寬約四十餘里。檢閱輿圖，該處距莫薩山口最近，勢難相讓。疊次厲色爭辯，方將南境一帶地方，全數來歸。其西南隅允照前明誼所定之界定議。第二端曰喀什噶爾界務，從前該處與俄接壤者，僅正北一面，故明誼定界，祇言行至葱嶺靠浩罕邊界爲界；亦未將葱嶺在俄國語係何山名照音譯出，寫入界約。今則迤西安集延故地盡爲俄踞。分界誠未可忽畧。崇厚原約所載地名，按圖懸揣，亦未足爲憑。臣以爲非簡派大臣親往履勘不可。俄外部必欲照崇厚原意者，蓋所爭在蘇約克山口也。臣答以已定之界，宜仍舊，未定之界宜另勘。彼謂此事於中國有益，非俄所求，既以原議爲不然，不妨兩作罷論。臣意界址不清，則釁端易啓，特假他事之欲作罷論者，相爲抵制，最後乃允載明各派大臣秉公勘定，不言根據崇約矣。第三端曰塔爾巴哈台界務，查該界經明誼、魁昌，分定有年，迨崇厚來俄，外部以分清哈薩克爲名，議定改之，於是輿圖已佔去三百餘里矣。臣提及此事，必抱舊界立論。俄外部知臣必不肯照崇厚之議，始允於明誼崇厚所定兩界之間，酌中勘定，專以分清哈薩克爲主。所稱直綫自魁峒山至薩烏爾嶺者，即指崇厚所定之界而言，日後勘界大臣辦理得法，或不至多所侵佔。以上界務三端，臣與俄外部商改之實情也。第四端曰嘉峪關通商，允許俄商由西安、漢中行走直達漢口之事。總理衙門駁議，以此條爲最重，諸臣工疊議商務者，亦持此爲最堅。蓋以我內地向無指定何處准洋商減稅行走之明文，此端一開，效尤踵至，後患不可勝言。俄外部窺臣著重在此，許爲商改，至如何商改之處則未明言。及臣親詣布策寓所，告以事關全局，儻不見允，則餘事盡屬空談，詞意激切。布策言於外部，於是允將嘉峪關通商，仿照天津辦理，西安、漢中、兩路及漢口字樣，均刪去之。第五端曰松花江行船至伯都訥之事，查松花江面，直抵吉林瑷琿城，訂立條約時，誤指混同江爲松花江，又無劃押之漢文可據，經臣再三商議，始允將專條廢去，但聲明查照瑷琿舊約，如何辦法，再行商定。第六端曰添設領事之事，查領事之在泰西各國者，專管通商，其權遠在駐紮中國領事之下。故他國願設，主國概不禁阻。此次欲對各城領事刪去，俄國頗以爲怪。隨對中國不便之故，與之說明，始允嘉峪關、吐魯番各設一員，餘俟商務興旺時再議。第七端曰天山南北貿易納稅之事，新疆地方遼闊，兵燹之後，凋敝益深，道遠則轉運維艱，費重則行銷益滯。必限以行走之路，納稅之章，商販實多未便。總署來電曾言收稅爲輕，因將原約內均不納稅字樣，改爲暫不納稅，俟商務興旺時再定稅章。以上商務四端臣與俄外部商改之實情也。此外償費一端，俄始索增盧布一千二百萬圓，作爲俄國遣船備兵費，繼見臣力爭，並不肯認兵費之名，乃易名代守伊犂之費，於原約酌加盧布四百萬圓，共合華銀五百萬兩左右。綜上界務商務償款三大端，悉心較計，與總署電示辦法大略相同。雖與從前內外大臣工奏陳准駁之議不能悉合，然合條約章程計之，挽回之端，似已十得八九。當與俄外部訂立中俄和約二十條，通商章程十七條，俟奉旨批准之日，再行畫押。其條約章程底稿，並與布策竭力磋磨，逐條辯析，崇厚原約字句，多所刪改校正矣。

紀澤與俄外部談判，自一八八〇年（光緒六年）九月一日開始，至一八八一年一月十六日奉到上諭准其畫押止，歷時四月有餘，後在二月十二日會同俄外部尙書吉爾斯（Giers）總辦熱梅尼俄國駐京公使布策畫押於聖彼得堡。於是世稱之聖彼得堡條約成立，同年五月十五日在北京批准，八月七日在俄京換文。勘界之事，迄於一八八四年（光緒十年）五月始告完竣。但據鄒代鈞中俄界記（樂養齋叢刻）中國勘界人員不明地理，沿界所失之地甚多。幸而帕克斯川尙屬中國，伊犁與天山南路之交通，未至隔斷，爲不幸中之幸事耳。

中俄條約締結之前後，並與他國締結條約數種。一爲一八八〇年三月三十一日與德使巴蘭德續訂之條約六款，善後章程九款，蓋根據一八六一年九月二日中德條約之規定而修增者也。一爲一八七七年十一月十七日與西班牙議訂之古巴華工條款十六條。美國曾仿此約於一八八一年七月十九日簽定一種相類條文。先是一八六二年所訂之中葡條約未經批准，至一八八七年經海關人員金登幹（J. D, Campbell）之斡旋，於十二月一日在北京簽押。其第二款中國允許：「大西洋國永居管理澳門」；第三款「大西洋國允准未經大清國首肯，則大西洋國永不得將澳門讓與他國」。

第二章　越南事件

法國與越南發生關係最早，一六八四年其東印度公司已在北圻設一商館，嗣後傳教士繼至，而越人信教者頗不乏人。及西山阮氏滅黎氏，兼幷廣南，廣南王侄阮映求助於法國主教 Pigncan de Behaine。主教回法代表越南與法國締結條約（一七八七年十一月二十七日），法國允許派遣一千六百五十人，兵艦四艘，運輸船二三艘，運載槍炮，往助阮映復國。主教則代表阮映將南圻之要港一處，並崑崙島割讓與法；法國在南圻國王領域中通商自由。此約後來並未實行；僅由主教私自裝載商船二艘，與護送軍艦一艘東來。阮映之得國雖不全賴其力，然足以長其聲勢也。一八〇二年（嘉慶七年）阮映滅西山阮氏，統一南越稱帝，建元嘉隆，是爲越之世祖。一八二〇年（嘉慶廿五年）映死，子曕立，改元明命，是爲越之聖祖，頗敵視法人。再傳至翼宗，年號嗣德（一八四八—一八八三）。一八五六年法國遣使臣至越都順化，越人拒之入境。次年越人殺法國主教，法國遂得藉詞，而用兵越南。會天津條約成立，法國海軍在歸國途中，乃利用之佔領越南海港兩處。一八六二年六月五日法越二國在柴棍（西貢）締結條約：越南將南圻東部之邊和、嘉定、定祥（美萩）三省，並崑崙島割讓與法（第三款）；允許傳教（第二款）；無法國皇帝之許可，尺寸土地不許讓與他國（第四款）；開放數口通商（第五款）；賠償戰費四百萬元，分十年交清（第八款）。越翼宗不欲實行條約，法南圻總督於一八六七年六月二十五日宣言對南圻西部之永隆、朱篤、河仙三省幷入法領。同時柬浦寨國脫離暹羅屬藩而求法國保護，（後在一八八四年六月十七日條約中載明爲法之保護國）。自是以後，法國遂佔有瀾滄江下流之湄公江口，因是法國遂欲循此江而通中國。經一八六六年與一八六八年兩次調查，此江上流難通航道，遂將此計劃放棄。會有法國商人堵布益（J. Dupuis）者，在漢口得遇運送軍火赴雲南平服回亂之使者，因而隨之入滇，復由滇循紅江而下，以至於海，由是知自牛該可以航行至海，遂與滇省大吏訂約，從此道爲中國運輸軍火。一八七三年與堵布益販運軍火之同夥在河內與越南官吏發生衝突，法國南圻總督遣派前次調查瀾滄江航道之安鄴（Francis Garnier）率領少數部隊往北圻，一面援助堵布益，一面調查紅江航道。一月之間，安鄴用武力將北圻三角洲一帶佔領。越人求救於黑旗兵，一八七三年十二月二十一日，黑旗兵至，安鄴等寡不敵衆，悉戰歿。先是長髮餘衆奔北圻分二支：一支由黃宗英統率，號黃旗兵，一支由劉永福統率，號黑旗兵。後劉永福併黃旗兵而受越南招撫，官副提督，鎭守宣光一帶。一八七四年三月六日法遣使者至北圻與越官協定，法人退出北圻。同年三月十五日法人在柴棍與越南重訂新約，代替一八六二年六月五日之舊約。法國承認安南國王之自主權，與對於其他任何國之完全獨立權，法國得因安南國之請求，無償地給與必需之輔助而維持其國內之治安，並剿滅擾亂其國內一部份之盜賊（第二款）。安南允許將其對外政策，適應法國之對外政策。而對於其現在之外交關係，不得有所改變（第三款）。安南承認法國在其現在所佔領之一切土地中（南圻六省）之完全自主權（第五款）。據此二條，則將安南變爲保護國矣。然其後各條，僅將安南所開通商口岸，限爲歸仁、海防、（寧海汎）河內三處；至若通航通商，僅許從洱河（紅江）一道在雲南與海洋間爲之，不得在海洋與河內間，或河內與中國境內間，通商貿易。根據此種規定，則又可解釋其非保護國與被保護國所訂之條約。具見當時法國締結此約時，尚無變越南爲法國保護國之決心也。一八七五年（光緒元年）法國駐京公使，以此約照會總理衙門，並要求剿滅沿邊中國盜匪，並開闢雲南口岸一處，使法國船舶可以停泊通商。總理衙門照覆，以爲安南亦稱越南，久列中國藩封，不能漠視。沿邊居民，歷代以來，互市久矣，所請通商一節，俟交滇省查明核辦。至若開放雲南口岸，允許外國通商一節，向例所無，未便照准。沿邊盜匪，已行文雲貴總督痛剿，勿使逃入越南境內。當時兩國交涉止此，並未作進一步之談判。蓋中國之視藩屬，僅爲一種朝貢中國而奉正朔之國家，與西洋國際法中之屬國不同。屬國與外國訂約，只求其無礙朝貢，其他皆可不問。當時法國，新敗未久，尚無進取決心，所以一八七八年越南入貢中國，而中國派兵入越南剿平李揚才之亂，法國亦未抗議。而且法國各方，政見不一，觀法國駐京公使，一八八〇年二月二十三日致法國外交部長書，可以知之。其文略曰：「殖民部對於安南所用之政策，北京駐使幾始終不明，其弊甚大，余曾以此事屢次瀆陳。余曾說明因此所發生不可免之矛盾。例如安南遣使朝貢中國，在柴棍（西貢）方面視之，無足輕重。而在法國使館則視爲藩屬臣服上邦之一種特殊行爲。又如中國派兵在北圻剿匪，該部則又通知駐北京公使照會總理衙門，聲明除法國外，不得承認他國在嗣德國王境內，有恢復秩序之權。余曾提及前駐使因安南境界之侵犯，雖有向北京政府提出抗議機會，然未作此舉，蓋確信其要求絕不爲殖民部所支持也。近來京報所載種種上諭，而足以使人憶及一八七四年三月十五日條約所欲消滅其最後痕跡之宗主權者，余亦因同一理由，未提何種抗議。……最近有一事，似可證明中國政府之幻想，或者更較吾人所擬者爲大，不能不引起閣下之注意。一八八〇年二月十九日公使團群赴總理衙門祝賀中國新年。當吾人向恭親王告別時，總理衙門某職員請德微里亞(Devcria法館譯員）君稍留片刻，謂有事奉告；同時並向德國使館譯員作相類之請求。遂導二人入會議室，總理衙門四大臣之一人以信函一件交德館譯員云：此君欲得之口頭答覆。德館譯員似不知爲何事，取信件讀之。另一大臣轉向德微里亞君大聲語曰：報紙登載有貴國對於北圻之計劃，君曾見最近中報之記載歟？同時以一紙示之。茲將其文譯述於下：十二月初二日（一八八〇年一月十三日）中報摘錄某法文報之文云：法國欲在紅江通航；此江通雲南境內。安南政府尙未允許，然法國將必强迫爲之。設若法國不滿此欲，由是兩國失和，戰爭難免云云。德微里亞君見此種談話於德國譯員在場時擧行，深以爲異。當卽答云：中報所載消息，似未詳悉此中情形，蓋紅江航行自由，業已載入一八七四年中越條約，而此約業經法國正式通知中國政府，總理衙門應早知之，何來此問。該大臣云報載消息，乃由丁韙良（W，Martin 同文館總教習）博士交來，而帝國政府因安南爲其藩屬，對於北圻之事，不能置之度外。談話止此，德微里亞與德國譯員同時出署，二人對此事未交一言」。

當時不特中國政府重視此「藩屬問題」，而越南國王亦因法國逼迫，屢次入貢。一八八〇年二月曾咨詢廣西巡撫，貢使何時可以入境。法國政府風聞其事，欲阻止越南入貢中國。駐法公使曾紀澤卽在此時（一八八〇年十一月十日）照會法國外交部長云：「前此傳聞有某種條款，致使法國政府與越南王發生衝突，余在本年一月二十五日曾與法來西訥（de Freycinet）君在外交部中會談。談話中余曾告以越南於中國爲藩屬，並詢其法國與越南有無涉及此事之條款。當經此君答復，此種條款，並未存在。但據最近消息，法國政府似有意遣派軍隊前往北圻。茲特函詢閣丁，務請通知此項消息是否確實，而在余與前外長談話之後，法國政府意見是否已有變更。甚希閣下如前任外長，將貴國政府對於北圻問題之意見見示，蓋越南與中國接境，而其國王受中國冊封，而中國政府不能對此事置之度外也。余現在適與俄國政府辦理交涉，閣下就任外長時，未能親往道賀，深以爲歉，一俟聖彼得堡交涉完竣以後，必還巴黎趨前致敬。用特函達，務希見復」。十二月二十七日，法國外交部長照復云：「接奉十一月十日聖彼得堡照會，詢及法國與越南之現在關係，並提及閣下與前任外交部長之談話。法國與越南之關係，業經一八七四年三月十五日法越條約規定，而北圻爲法國屬地，閣下應已知之。根據此約第二款之規定，法國承認安南君主對於任何外國完全獨立，並許助其維持治安，禦防外侮。茲應申言者，同一條約曾將居住安南之歐洲人利益，概置於法國保護之下。此約業經通知各國政府。北京政府業經法國駐京使館通知。民國政府與安南及其各省之關係，自是以後，業已充分確定，余不信前任部長與閣下之談話中，未將此事說明。茲特向閣下申言，民國政府決意遵守一八七四條約之規定，而履行條約所載之義務。中國與一鄰國邊境治安之維持，關心甚切，其事易解，必不致於使法國與中國間發生何種難題或誤解也」。

一八八一年秋曾紀澤在俄換約事畢，回駐巴黎，即於九月二十四日照會法國外部，聲明中國政府不能承認，一八七四年之法越條約。時法又易外長，於一八八二年答覆以爲：「該約已由法國駐京代辦公使於一八七五年五月二十五日正式通知中國政府，而恭親王在六月十五日覆文中對於此約之締結，與約中之任何條款，皆未提及抗議；僅言安南者昔爲中國藩屬，然此亦不過表示其具有一種歷史關係而已。乃中國政府於該約執行之後，已有八年之久，提起抗議，實所未解。法國政府現對於該約之執行，毫無躊躇餘地，然余敢隨前任二外長之後，繼續保證法國政府毫無不顧中國體面或侵害中國利益之心」。同年春法屬南圻總督派遣海軍上校李威利（Riviere）率領舟師駛入紅江，於四月二十五日用武力佔領河內。中國駐法使臣曾紀澤聞訊於五月六日要求法國政府將軍隊撤出北圻，法國政府覆稱：「已命南圻殖民地官憲執行一八七四年之法越條約矣」。

當時法國南圻總督與法國駐京公使寶海（Bource）似無聯絡，彼此各行其是；抑法使離國時所奉之訓令不及後來所望之奢，所以在是年十二月二十日與北洋大臣李鴻章締結越南事宜議定書凡三條：一、滇中國將雲南廣西兵現在屯紮之地退出，或回本境，或離界外若干里之遙駐紮，寶大臣即行會商，將法國毫無侵佔土地之意，並將毫無貶削越南國王治權之謀，切實申明。一、法國切願設法，自海口以達滇境，通一河路，惟使此路有裨商務，自應上達中國境地，以便設立行棧埠頭等事。前有在蒙自設立口岸之說，今悉蒙自荒僻，頑民聚居之處，不若蒙自下游保勝

（牢該）一口較爲便易，且河深利於行船。儻令商船溯紅江而上，以保勝爲止界，則中國應視保勝如在中國境內無異，在彼立關收稅，使洋貨入關後，亦照中國已開各口洋貨運入內地章程辦理。中國亦應設法，使雲南境內土物運往保勝，暢行無阻，如驅除盜賊，撤去保勝，境上已有關卡之類。一、今爲驅逐沿境滋事匪徒，今地面得以治理平靜，中法兩國國家在雲南廣西界外，與紅江中間之地，應劃定界限，北歸中國巡查保護，南歸法國巡查保護。中國與法國互約申明，永保此局，並互相立約，將越南之北圻現有全境，永遠保全，以拒日後外來侵犯之事」。此議根據總理衙門奏報：「該使臣所接外部回電內稱，來議似可准行，並決意設法妥靜會商，請中國毋疑，已電飭法兵退守河內等語」。似當時法外部業已贊成，後因內閣更迭，抑因南圻法督主張進取，故而反汗歟？

若據此議，中法兩國分有北圻，安南本土，割讓與法，亦非中國所能甘心。所以中國方面一面密諭沿邊各省，接濟劉永福軍火，一面允吏部主事唐景崧密入越南，往說越王與劉永福同禦法侮。景崧於一八八二年九月首途赴越，先至順化都城，與越南國王所派官員筆談數次，見其國「君臣昏愚委靡，戰守皆無經營，卽議和亦毫無條理。其國政令酷虐，民不聊生，自錮利源，窮蹙已甚。每歲所入，大概不及百萬，法人又從而愚之，餂以甘言，則欣欣竊喜。而於中國轉多疑忌之心，無可扶持，一言已決。阮福時家庭搆釁，苟活自娛，內亂將興，勝於外侮」。次年四月見劉永福於山西，永福謁景崧執禮卑謹。景崧說永福曰：「萬里來茲，專爲足下策不朽之勳，創不世之業。古有寸階尺土，提一成一旅而成霸主者。夫今日越南乃法人刀砧之魚膾也，狼藉不旋踵，足下誠能據保勝十州爲老巢，守西山門戶，北寧、太原、諒山、高平、宣化、興化、震以足下威名，不費兵力，傳檄可定。足下誠能以國外之亡命，簡越卒之精銳以爲兵，就膏腴之地以爲糧，榷七省之物稅以爲財，禮羅賢俊，以爲輔助，然後請命中國，假以名號，據北圖南，事成則王，不成亦不失爲捍衛華邊之豪傑。功在中國，聲施萬世，此上策也」。「請言其次，今者法蘭西欺我中國，剪我藩服，神人共憤，中國不肯因一隅而牽動天下。足下越官也，誠能提全師，擊河內，戰勝則聲名崛起，糧餉軍裝必有助者，不勝而忠義人猶榮之，四海九州知有劉永福，誰肯不容。立名保身，無逾於此，此中策也。夫以今日揆敵勢而建義旗，天下之機，似不至敗」。「株守保勝，此下策也」。永福願取中策，然亦不能盡其策。蓋當時中越兩方皆無明令，戰勝固有功，敗則恐中越兩方咸歸過於一己，永福之失敗原因在此。一八八三年五月十九日黑旗兵進至河內附近，李威利出城禦之於紙橋，大敗。所部官軍多陣亡。景崧記云：「紙橋捷後，法兵甚單。該國是時用費無多，尙易收束。儻劉軍乘此護飽騰之資，攻復河內，法人立可轉圜，越圻猶幸圖存，邊事卽不至大壞。乃計不出此，以致法兵漸增，日久費鉅，該國雖苦於欲罷不能，而兵連禍結矣」。

當時中國應付越案，一如前此應付伊犁事件之故轍，主戰主守之說不一。孰意中國築室道謀之際，法國外交與軍事雙方並進。一八八三年二月二十一日費理（Jules Ferry）組閣，不以實海所提之三條爲然，將其召還，而代以駐日公使德理固（Tricou），命駐暹羅盤谷領事何羅茫（J. Harmand）爲民事總監（六月七日）；南圻司令官布埃（Bouet）總統河內軍隊（六月十六日）；海軍中將孤拔（Courbet）爲北圻艦隊司令官。八月十五日，布埃所部軍隊開始戰爭不利，敗於河內附近之懷德，死傷十一人。嗣後節節勝利，八月十九陷海陽；九月二日陷波蘭。當法國海陸軍並進之時，越南王時已死（七月十七日），世子育德嗣位，三日被廢，越南權臣阮文祥擁立前王弟昇，後亦被廢。八月十六日孤拔與何羅茫進至順化江口，順安汛前。何羅茫齎有最後通諜一件，與條約草案一紙。越南守將不允交出炮台，十八日法艦開火，同日架艇運兵船至，十九日重複開炮轟擊炮台；二十日軍隊登岸，炮台遂陷。越廷遣官請和，迎何羅茫至富春都城。二十五日何羅茫强迫越南政府簽條約二十七條：承認越南爲法國保護國；平順省劃隸於法；法兵駐紮順安與順化江口等處炮台；越廷立卽調回北圻防軍，解除軍械。

新派法國駐京公使，德理固於一八八三年六月抵華，八月二十日照會總理衙門，聲明安南與北圻海岸業經封鎖。當時越廷雖與法國訂約，欲依附上邦之心，仍然未已，所以訂約之後，尚有呈報中國疆臣之事。一八八三年十二月二十四日廣東巡撫倪文蔚奏稱：「欽奉諭旨：以越南國王弟阮福昇呈稱，下國候命呂春蔵遞到照會，欽奉上諭，下國貢使此次暫由海道入都，深感殊恩。即應及早謹遣陪价，備將不腆進京叩陳。惟下國於本年七月法國兵船來順汎迫攻，脅定和約，曾經具稟。現下國北圻之寧平、河內、海陽、南定等省，既爲法兵脅據，殘虐士民；都城順化汎口，又爲該兵船封守。近又接法使咨叙，如有上國咨文，何事，即鈔示通知；上國如有使來，不得接受等情，實屬橫迫。想乘人之喪而擾害之，於禮未見。彼法雖佯爲和約，其吞併稔惡可知。下國爲勢所屈，只知抱恨長歎，而莫知所措。玆於循奉遣使，則水陸難通。一有爲他執阻，更增艱礙。遙瞻帝闕，戀慕彌殷。謹具稟，統祈據情代題。幸蒙垂顧，曲爲周全，使水陸淸通，下國陪价取程進發，則上國恤小之恩，更加廣被等情，稟請代奏」。

一八八三年九月十八日法國侵略北圻之統將布埃引退，十月二十五日法國政府命孤拔代之；十二月十六日進陷山西。同年十一月二十八日越南王昇中毒死，昇弟昊繼立，年號建福。已而法國政府又改命陸軍中將米樂（Millot）接統北圻軍隊，孤拔則專任艦隊司令。一八八四年三月十二日法兵陷北寧；三月十九日陷太原；官軍棄興化，四月十二日法軍進佔之；旋又棄宣光，六月一日宣光亦陷；由是紅江下流盡入法軍之手。

一八八四年四月下旬，法國政府又改任巴德諾（Patenôtre）爲駐華公使，新使出發時，奉有政府訓令：乘此時機，不必顧及中國，先往順化與安南確定因最近軍事所造成之法越關係。巴德諾抵越南後，與越南政府締結條約十九款，於一八八四年六月六日在順化簽押，此約較之何羅芒所訂之約爲緩和：仍以平順割讓與法，然以先隸北圻之乂安、淸化、河靜三省割隸安南。由是越南變爲法國之保護國，僅餘中國承認問題而已。

當法國遣派巴德諾赴順化時，並派海軍中校福祿諾（Fournier）赴天津，與直隸總督李鴻章私自接洽和議。旣遣公使來華，又遣海軍人員「從中講解」，並不使法國駐華外交人員預聞其事，可見是時法國當局之毫無主見。一八八四年四月十九日直督李鴻章致總署書述其事云：「先是光緒五六年德璀琳（G, Detring）任津關稅司時，時有法國水師總兵福祿諾帶船在津駐防，彼此時相過從，談議甚洽。福祿諾常爲敝處斟酌水師章程，動中窾要，皆德璀琳爲先容也。上年法使德理固在滬晤商，頗肆要挾。嗣八月間德理固來津，詞氣頓和，其時忽有福祿諾在座。詢稱該總兵奉派在越南籌劃軍事，屢請伊國添兵進取，計冬春可盡占北圻方面。責其大言不慚，不謂我軍疊次失利，其言果盡驗也。今福祿諾與德璀琳遇於香港，正北寧軍潰之後。福因鴻章曾有一日之雅，欲爲從中講解；密致一函交德稅司齎呈。謹令僦處翻譯官照譯原稿，鈔呈台覽。函內詞意侈陳軍情，固是西人誇張恫喝習氣。而論及治病用藥之法，似將來此事收束，亦祇能辦到如此地步。若此時與議，似兵費可免，邊界可商，若待彼深入，或更用兵船攻奪沿海地方，恐並此亦辦不到。與其兵連禍結，日久不解，待至中國餉源匱絕，兵心民心搖動，或更生他變。似不若隨機因應，早圖收束之有裨全局矣」。同年十二月奉旨：「事屬可行，許其講解」。於是李鴻章與福祿諾，在津簽訂條約五款，其文曰：

「茲際人心搖惑，諸事紛紜，故彼此議立以下簡明條款，呈請兩國准定，冀可消釋中法將開之釁端。他日兩國使臣，仿照約內各節，從容會商詳細條款，俾兩國永敦友誼，共享利益。第一款：中國南界毗連北圻，法國約明無論遇何機會，並或有他人侵犯情事，均應保全護助。第二款：中國南界既經法國與以實在憑據，不虞有侵佔擾越之事，中國約明將所駐北圻各防營，即行調回邊界，並於法越所有已定與未定各條約，均概不置問。第三款：法國既感中國和商之意，並敬李大臣力顧大局之誠，情願不向中國索償賠費，中國亦宜許以毗連越南北圻之邊界，所有法越與內地貨物聽憑運銷，並約明日後遣其使臣議定，商細稅則，務須格外和衷，期於法國商務極爲有益。第四欵：法國明約現與越南議改條約之內，決不插入傷礙中國體面字樣，並將以前與越南各條約，盡行銷除。第五欵：此約既經彼此簽押，兩國卽派全權大臣，限三月後，悉照以上所定各節，會議詳細條欵」。

此約簽定日期，在李鴻章奏報，似在五月十一日，然在福祿諾方面，似作五月十六日。緣福祿諾在五日後提出附約三欵，確定中國撤兵日期，業經李鴻章拒絕；李並云：「伊自將此條勾抹，並加花押爲憑」。孰知福祿諾竟將所擬附約一並電致本國，因而發生重大誤會。此後和而忽戰，卽以津約爲動因，然最後戰而忽和，亦以津約爲根據。

法總理費理於五月二十日將此約送達上下兩院，並聲明：「津約如此。是一種預備協定，須用後來交涉補充之，然一切條欵皆堅實而具有執行效力，並得謂自現時始，卽在執行中。蓋吾人賴有此握中國一切命運之偉大政治家主持談判，而彼在此談判中見識明敏，具有從速執行與忠實執行此約之決心。福祿諾中校五月十八日來電通知吾人，已同該總督協議中國駐在北圻之軍隊，於六月六日至二十六日撤退；廣東廣西境外一帶駐紮諒山，高平等處之中國軍隊，在二十日後，質言之，六月六日撤退，雲南境外一帶駐紮保勝（牢該）等處之中國軍隊在四十日後，質言之，在六月二十六日撤退。吾人已將此事轉知派遣軍司令官矣。根據此約末條之規定，業已指派現在順化滯留中之巴德諾公使爲全權公使，並命其對於條約第四欵，特別注意。順化條約之正文，當然不致有礙中國體面字樣。令特將此次交涉結果，付與兩院與國人判斷」云云。

法國方面既有重大誤會，其北圻派遣軍司令官米樂遂於六月十九日自北江遣中校一人率兵約九百人前往接收諒山。二十三日抵觀音橋。先是總署「行文滇粵駐北圻各軍，均在原駐之地屯紮；不准移兵前進，並不准先發開仗」。法兵至，欲强迫華軍撤退，於是雙方衝突起，華軍傷亡三百餘人，法軍弁勇傷亡九十人。先是津約締結以後，法國駐華外交人員，始悉條約內容，故亦不免誤會。六月二十八日，法國駐京代辦照會總理衙門，聲稱請「飭華兵迅速復回交界」；「法國定欲暫存應得賠補之權」。次日總署照復聲明津約未議有應退日期，是以各軍在原駐之地屯紮。「貴國官軍聲言巡邊，突至粵軍原駐之地，窺探營盤，先放槍炮，是以各軍抵禦……似此情形，貴國官兵應任攻打之責，認賠補之費」。七月十二日法代辦致最後通牒於總理衙門，請立即「速照二欵宣布撤兵之旨，並賠留兵調船費二萬五千萬佛郎」。總署答覆調回防兵係津約所載，可以於一月後撤竣。若欲所償及徑行自取押欵賠欵之說，顯違津約第三條，從緩理論。七月十九日奉旨：「法使巴德諾現在上海，著授曾國荃爲全權大臣，尅日前往，與議詳細條約」。七月二十八日曾致總署電稱：「巴自己初辯至正午。開講便及兵費，遵電力辯。巴出節略三欵：一、革劉團職，拒不與聯；二、索賠二百五十兆；三、交銀地方期限，若口稱速了可減五十兆，革劉尚不著急，索費志甚堅」。曾許賠款五十萬兩，巴請益，曾拒之。八月二日限期已滿，巴於三日晚照會曾國荃云：「昨日期限既滿，奉命告貴大臣，日後我大法國任憑舉動無所限阻」。巴德諾與孤拔原擬在北方用兵，法總理確信直督李鴻章具有誠意，欲留爲日後轉圜地步，特命法艦隊出兵台灣。八月五日法海軍少將利士比(Lcspcs)率艦隊炮擊基隆，奪據砲台。中國請美國調處，法國拒之。十九日法代辦又致最後通牒於總署：「索八十兆佛郎，十年交清。限二日。如不允即離京，孤拔盡力從事」。會越南國王昊七月三十一日死，其弟應檝繼立，改名明，年號咸宜。八月二十三日孤拔率艦隊駛入閩江，炮攻中國兵艦，並毀馬尾船政局。九月二十七日法艦奪據基隆，並攻毀滬尾炮台。一八八五年二月十五日中國派往台灣兵船，遇法艦隊於浙江洋面，勢寡不敵，三船得脫走，兩船駛入三門灣負傷自沉。先二日法北圻陸軍奪據諒山。三月三日解宣光之圍，蓋黑旗軍自上年十一月二十三日始圍攻已逾三月餘矣。最後三月三十一日孤拔率艦隊據澎湖。

先是中國愼重隱忍，尙不欲與法失和，至一八八四年八月二十七日始發布上諭云：「越南乃我大清封貢之國，二百餘年，載在典册，中外咸知。法人狡焉思逞，肆志吞併。先據南圻各省，旋又進據河內等處；戮其人民，利其土地，奪其賦稅。越南向本闇懦苟安，私與立約，並未奏閧，挽回無及；越南亦與有罪也，是以姑予包涵，不加詰問。光緒八年（一八八二）冬間，法使寶海在天津與李鴻章議約三條，當飭總理各國事務衙門會商妥籌。法人又撤使翻覆；我存寬大，彼益驕貪。越之山西、北寧等省，爲我軍駐紮之地，清查越匪，保護藩屬，與法國絕不相涉。本年二月間法兵竟未撲犯防營，當經降旨宣示。正擬派員進取，力爲鎭撫，忽據該國總兵福祿諾先向中國議和。……將命李鴻章與議簡明條約五欵，互相畫押。諒山保勝等軍應照議於定約三日後調回，迭經諭飭各該防軍扼紮原處，不准輕動開衅。帶兵各官奉令愼謹，乃該國不遵定約，忽於閏五月初一初二等日（六月二十三四）以巡邊爲名，在諒山地方直撲防營，先行開炮轟擊。我軍始與接仗，互有殺傷。……乃竟始終怙過，飾詞抵賴，橫索無名兵費，恣意要挾。輒於六月十五日（八月五日）佔據台北、基隆山炮台，經劉銘傳迎剿獲勝，立卽擊退。本月初三日（八月二十三日）何璟等甫接法領事照會開戰，而法兵已自馬尾先期攻擊，傷壞兵商各船，轟壞船廠。雖經官軍焚燬，法船二隻，擊燬雷船一隻，並陣斃法國兵官，尚未大加懲創。……此事係法人背盟肇衅，至此外通商各國，與中國訂約已久，毫無嫌隙，斷不可因法人之事，有傷和好，著沿海各督撫嚴飭地方官及各營統領，將各國商民一律保護。卽法國官商敎民等願留內地安分守業者，亦飭一律保護。倘有干預軍事等情，一經察出，卽照公例懲治」。

則在此時以後，中法已入交戰狀態矣，然雙方求和之心，仍然未已。九月六日法駐滬領事李梅（Lemaire）密告華官云：「現奉法廷授以全權，遇事可逕奏，亟盼轉圜，總須略予體面。如賠費爲難，或於十八省外之海島暫租與法；否則預允日後建造鐵路，酌認地段若干，准法商充當公司」。十月中旬法駐津領事林椿（P, Ristelhueber）亦向直督李鴻章轉述法外部電意，提議四條，內有基隆、淡水暫由法保守，基煤淡稅由法管理若干年，法借銀二千萬，以一千購法船械及鐵路料，一千現銀借作整備海陸軍及造鐵路。一八八五年二月二十八日駐德使臣許景澄致總署電云：「法使又价人催詢，語氣微露肯退基隆，不押關，不索費，另商辦法」。三月三日李鴻章致總署電云：「頃接許景澄李鳳苞十六（三月二日）來電，日意格（Giquel 原服役中國之法人）密告陳季同（駐法舘員，其人頗熟悉法國情事）法願照津約另商越界通商實益，餘無求」。曾紀澤三月十七日致總署電：「此間近有人爲茹（費理）通款，津約外無求，已准商辦」。綜觀上引諸電，足以證明法軍於是月二十八日在諒山潰退以前，已有津約外無他求之意。儻若在華軍進據諒山後，中國別有所求，所失者必不如津約之多，可斷言也。

其使中法衝突急轉直下者，要在一八八五年三月二十八日，諒山之役。宣光圍解以後，法將尼格理（de Negrier）率馬步各軍巡防諒山。三月二十七日華軍三路進擊，敗之於諒山附近之驅驟墟。尼格理胸部受重傷，其副率衆退去。二十八日華軍收復諒山，法軍大潰，沉其餉銀山砲於河。二十九三十兩日華軍克屯梅、觀音橋、谷松等地，法殘兵又退於滁。法司令官倉皇電達巴黎，報告敗況。三十日法議會震動，群起質問，費理引咎辭職。先是總稅務司赫德所派駐倫敦代表英人金登幹，已於本年一月杪着手與費理談判。費理既下野，法總統恐事有變，不待新閣成立，即接受中國提議，於津約外別無要求。四月五日法外交部政務局長畢樂（Billot）奉命與金登幹在巴黎將停戰協定畫押。「約定越南宣光以東三月初一日（四月十五）停戰，十一日（四月二十五）華兵拔隊撤回，三十一日（五月四日）齊抵廣西邊界；宣光以西三月十一日（四月二十五日）停戰，二十一日（五月四日）華兵拔隊撤回，四月二十二日（六月四日）齊抵雲南邊界，臺灣定於三月初一日（四月十五）停戰，法國即開各處封口」。法國又派政務局副局長戈可當（Cogordan）與金登幹會商和約，復於六月九日經直督李鴻章與法使巴德諾在天津畫押。條約凡十款，其第二款云：「中國既訂明於法國所辦弭亂安撫各事無所掣肘，凡有法國與越南自立之條約章程，或已定者，或續立者，現時並日後均聽辦理。至中越往來，言明必不致有礙中國威望體面，亦不致有違此次之約」。雖未明言承認越南為法國之保護國，然其意定含蓄於此款之中矣。又第九款云：「此約一經畫押，法軍立即奉命退出基隆，並除去在海面搜查等事。畫押後一個月內，法兵必當從台灣澎湖全行退盡」。然在事實上法軍實在七月二十二日退出基隆、澎湖，而法將孤拔已早在六月十一日歿於澎湖矣。

光緒十一年六月辛卯（一八八五年八月四日）上諭通諭中外云：「上年四月間，特准李鴻章與法國總兵福祿諾議定越南通商事宜，無非戢兵安民之意。迨後諒山一役，不得已而用兵。越南地極炎荒，士卒每多瘴故，且相持半載，各損師徒；藩屬人民，亦罹鋒鏑；朕心憫焉。自十二月間總稅務司英人赫德，以兩國本無嫌隙，力請仍照津約，往返通詞，棄怨修好。朕惟仰維上天好生之德，並敬念列祖命將出師，於天時地利緩急進止，揆度不存成見。恭繹乾隆五十四年（一七九〇）安南撤兵迭次諭旨，權宜所值，先後同符。特照此請，命李鴻章等與法使巴特納重訂新約十條，於越南北圻邊界定地通商，言歸於好。現在法國退基隆、澎湖之兵，我亦將滇粵各軍撤歸關內。彼此擒獲人衆，均已按數交還。從此荒服免遭兵燹，海宇共慶乂安。朝廷於此事權衡終始審察機宜，本無窮兵黷武之心，允協字小睦鄰之義。今當和局既定，特通諭中外，俾咸知朕意」。

根據一八八五年六月九日中法條約第六款之規定，北圻與雲南、廣西、廣東、陸路通商章程兩國派員會議另訂條款。於是駐京法使又在一八八六年四月二十五日，與直督李鴻章在天津締結越南邊界通商章程十九款。其第二款云：「中國可在河內、海防二處設立領事官，隨後與法國酌商在北圻他處各大城鎮派領事官駐紮」。一八八七年六月二十六日又在北京續訂界務專約五款、商務專約十款。商約第二款開龍州、蒙自、蠻耗、爲通商口岸。第六款允許：「所有法國及北圻船隻從諒山至高平，復由高平至諒山，經過龍州至高平，並高平至龍州之河」。此款頗有利於高平諒山之交通，蓋此兩城間陸道不能通行也。

中法締約之時，越南發生變亂，一八八五年七月六日夜半，越攝政謀殺法司令官，謀洩，奉越王明出奔，旋法軍獲越王，放之北非。八月改立前王昊兄應禛即位，後改名昪年號同慶。越臣自其主出奔後，曾兩次乞兵中國，茲錄其山、興、宣總督阮廷潤等二十餘人，並北圻紳耆士庶等上雲貴總督岑毓英稟函，用識清代越南臣服之尾聲。稟曰：「竊念下國千百餘年，君臣民庶，得安宇下，皆天朝福庇成全之德也。三十年來，所被法匪侵擾，承天朝念其累世恭順，不忍棄絕，置之水火，大師出關垂援。下國老幼男婦莫不奔走，迎接供役，樂以忘勞曰：天朝將有大造於我越南也。本年二月十一日之役，天威所臨，夷酋就縛。不一日間，他族數十屯不戰自潰，則又焚香頂祝以賀曰：庶其見天日乎。不意他族巧譎百端，天兵將欲長驅，而他族和使已至；隱其欺慢，謬爲恭敬。是以他族得以肆毒於下國；既迫取天朝頒給劍印，又逼勒下國王以不可忍受之事。下國王萬非獲已，乃挾三二忠藎之臣，間關山谷，謀往北圻諸地方收拾臣民；倚仗天朝，以圖復興。六月十六日謹委陪臣黃佐炎，阮光碧等齎捧國書，取路由廣西雲南轉達天朝哀告，未審能達否？下列奉下國王之命，糾集北圻忠義紳豪，隨機戰守。且料理糧儲，以待天兵。現今下國北寧、山西、海陽、南定、興安諸省士民響應，凡他派兵糧夫役，均不承應。其從他之各府縣及司屬募兵人等，各已抽回。近日石山、景祿疊次屢獲勝仗，起團集練，互相聯絡，以與他從事。他族號令壅而不行，而乂靜以南諸省士民，亦群起割據，以分賊勢。竊照他族蔑視朝命，其不奄下國爲已有，以圖薦食，勢不能已。但以下國臣民未忘先國王之澤，欲吞而不能下咽。又他族嵐瘴疫癘死斃，日不下三百丁。寧平、旗台、春和、道堂，各處雹報皆爲雷打。六月十一日河內省地所積銀庫，雷火焚之，其銀錢飛散。大半自知不見容於天地鬼神，乃與下國二三叛臣，阮文祥、阮慶有潘正評迎前得罪於先王之少子原號正蒙者，擁而立之。狡哉彼夷，既假此以愚弄下國臣民，又將假此以掩天朝耳目。謂國統有歸，按兵可以不出，則下國又絕望矣。且他族所以罪下國而欺天朝者其說有二：一謂下國已歷二王，未曾向天朝求封，其義已絕也；一謂國王輕棄社稷，君位已絕，更立新君，社稷爲重也。二說者，誠恐九重天遠，不及詳察他族奸情。天禍下國，先國王以他族迫取劍印之故，不勝憤鬱而歿。連年國喪，幼君嗣位，岌岌然朝不謀夕。惟恐一旦隕越，爲天朝愛。東撐西扶，日不暇給。兼以他族多方絕其使路，是以楚臣有淚，不獲哭於秦庭；衆雁哀嗷，何由聞於脊國；下國之罪，諒天朝所能見原也。下國王以一身繫廟社之重，與其坐而待亡，曷若出而圖存：下國王所在，即下國廟社所在也。彼爲法人所擁立者，則下國之讐也，廟社何有焉。如下列者，國破君遷，自分一死，所以未死者，亦以故君尙在，一旅可以興夏，千甲可以存越。是以崎嶇山谷，與下國王盡力圖存。顧以智淺慮疏，兼之財殫力屈，非蒙天朝垂手而拯濟之，則下國雖欲爲天朝臣妾，以長依日月之光，不可得也。輒敢冒昧，具由佈達。伏乞大人以事奏聞。幸蒙大兵早出，天日重臨，豈惟下國王，其下國社稷之靈，實利賴之。下列臨書，不勝哀痛翹望之至」。

第三章　緬甸事件與滇緬界務

法既割據越南，英必繼起吞併緬甸，此必然之勢也。中國對於越緬關係相同，自不免仍以「體制」與英國爭，所得結果，在紙面上固較「體面」，然在事實上遺留有界務問題，歷六十餘年，尙懸而未決也。十八世紀 Alompra 建設之緬甸大國，業經英國兩次分割。第一次在一八二六年，英國佔據緬甸西方一帶海岸島嶼，僅存之海岸，祇有古白古國（Pegu）之海岸，質言之，大金沙江（Irawadi）與仰光（Rangoun）口岸而已。一八五二年第二次英緬戰爭之結果，並此僅存之海岸，亦併入英屬。當一八八五年印度總督攻取緬甸之後，緬甸所餘之地亦成英領。至若此事英國用兵之藉詞，則以緬王聽信他國領事之離間與英不睦。緬王以英國木商公司私運木料不報，罰該公司銀二百三十萬鹿丕，並欲將租山契據撤銷。於是印度總督提出要求五條。一、准英國遣赴使其國都，覲見緬王時「不得另行卑鄙之禮」。一、如緬王逕科公司罰金，則印度總督將自由行動一、應准英國所派使臣帶同水陸衛隊常川駐其國都。一、緬國與他國交際，須經印度總督之許可一、須將新街（Bhamo）地方商務整頓。由是觀之，印度總督蓋欲緬甸爲英之保護國；並欲從新街一道發展其勢力入雲南。當是時也，駐英公使曾紀澤電致總署云：「英久佔南緬，今圖其北，防法取也。澤意宜自騰越西出數十里，取八幕（新街），據怒江上游以通商，勿使英近我界。今英尚未取緬甸，倘能以口舌得八幕尤佳」。已而奉旨：「曾紀澤電奏緬英釁端各情，均悉。前因未悉起釁之由，自難空言勸阻。今知緬判英木商欵業，因此生隙，尚非不可解釋之事。着曾紀澤向英外部告以緬係朝貢之國，中華與英友誼相關，容或設法調處；令滇督等派員向緬開導，改判謝過，以弭兵端。且看該外部如何答覆，倘彼難轉圜，迅即電聞，另籌辦法」。紀澤據以函詢英外部，覆文云：「緬之貢華，前者不知。華允調停，英此感謝；然調停僅暫安，現欲靖暴亂，俟辦畢再與華議商善後之政」。

一八八五年十一月緬王答覆印度總督之文，頗爲強硬，以此無異奪緬王之自主權，須德、法俄、美、等國同意，惟未提中國。於是印度總督進軍攻緬，十月二十八日取緬都曼大來(Mandalay)擄緬王流之印度。當時騰越廳稟報英兵入緬情形云：「前次探報，英船四隻，直抵緬降，被列省蔓蘊用大砲打壞一隻。英人寫書誘和，緬王派絞猫蔓蘊等前往面會，次日有英船一隻停泊緬都城外江中，先用小船傍岸，與緬官等入城。名雖聲言與緬王議和，實則窺看城中有無預備。十月二十一日（十一月二十七）英國帶兵阿也半名慈列墊與緬會議。英人謂緬王無道，奉女王之命，送前出亡太子孃偶來換緬王。絞猫蔓蘊等即言，既有太子承受緬祚，不必妄動干戈，以免百姓塗炭。英人云：我兵所到之處，不肯傷害一人。既然依議，明日同到金城面酌，可將軍器交來爲信。絞猫蔓蘊等回，與懇蘊們己即傳電信，到列省蔓蘊本蔓蘊等云：伊國既送太子來換，不必交戰，可令各並將軍裝軍器交與英人，各自回去。至二十二日（二十八）午時，懇蘊們己絞猫蔓蘊正擬出城回話，詎英船先將傍岸大隊齊擁入城。俄頃，後船亦飛駛上岸，緬人並無阻擋。直到宮門，緬王調兵不及，祇好任其施爲。二十三日（二十九）申刻，英人將緬王及王太后等送下火船，隨行僅有懇蘊們己、絞猫蔓蘊、繆洗蔓蘊、猫蘊、四人。二十四日（三十）早，英人開船送下漾貢（仰光）安置。聞英人進城之際緬王知事不可爲，將二王之子二人，交孃蓋坐把帶出，囑其相機圖復。英阿也半入城後，們已問孃偈太子何在，慈列墊答曰：我卽太子。們已始知中計，後悔莫及。英人當出令曰：今緬國已歸英國，勿論大小官員，仍照常辦事，其俸薪仍照舊開支；各客商亦照常買賣」。

英估緬甸既成事實，自無須乎調停。紀澤乃別提要求：另立緬甸國王。力爭久之，英外相始允「另立王管教不管政，照舊貢獻中國。英攝緬政，以防外患」。英外相並云：「英徇華請而立王，華於商務宜寬待英」。已而英內閣更迭，後任外相否認另立教王之說。僅許「每十年由緬督備前緬王應貢之物，派緬員呈進」。一八八六年一月一日印度總督宣言昔日緬甸已廢國王之土地，概成英國皇后之領土。英人雖據緬甸，然土司之未服從者甚多，一八八五年冬緬甸稔祚土司坐把遣使齎書備貢自滇求援云：「緬國自開闢至今，地方沾仰皇恩，四方平靖。不期於本年九月內有洋人戛日勵、慈列墊，統帶洋兵七千餘名，佈散流言，云稱送前往洋國之緬太子漾染、漾偈前來復國緬官俱被朦混。洋人遂將國王拿獲，送往洋國。緬地官民等無奈，聽伊號令。坐把不忍坐視失國之慘，並不屑聽洋人調度，情願傾心歸服中國。現今糾合得十九繆，聚兵二萬有餘，同伊爭戰。無奈力不能支，邀求奏懇皇上發兵救援，將洋兵掃蕩；諸事願聽指揮，官民無不樂從」。一八八六年春稔祚坐把又會合其他各處土司具禀乞援云：「我緬國恭順天朝，數十代原爲藩屬。惟自去年冬，英人用兵詐將小王擒去，送往英國。佔住瓦城，並沿江各城，設有英官，管理國政。是以各坐把土司會盟，同起義兵，齊心固守。屢次打仗，因英國船砲皆利，不能取勝。陸路我等堅守恐亦難支持，勢在危急，無可奈何。前曾兩次專人前赴天朝，求發救兵，至今未蒙指示，實深焦急。茲特復遣阿廝已等再赴騰越，務懇轉奏天朝大皇帝發兵救援，代為恢復。或懇求簡派大官，前往英國調和，另立緬君管政，安撫百姓。縱英國已佔水陸之地，不肯退還，即將我等未降陸路之地，擇立緬君，亦所至願。即每年納與英國租息些須，亦無不遵。如英國皆不應允，則唯有拚命一戰。勝則或有轉機，不勝則我等男女情願投奔中華，永為子民，誓不受英人凌虐。萬望各位大人念我等國破君亡，百姓無依，英兵時常攻打，如在水火之中，即速奏明大皇帝，或發兵救援恢復，或派大官前往議和。如蒙允准，俾緬祀得存，皆天朝錫與，我等緬民感戴，思德萬代矣」。滇督曾為轉奏，上諭不准遽開邊釁，蓋有鑑於越南之前車也。

曾紀澤在英之交涉，既不能順利進行，於是暫行停議。然英國既已得緬，當然有望滇之心，如是用聲東擊西之法，駐京英使歐格訥（Oconor）持煙台條約派人入藏之文，要求總署立見施行，總署拒之。會歐格訥以緬約事自詣總署，言緬甸前與法私立盟約，是以興師問罪，今若重立緬王，則法約不能作廢，故難從命。今欲依緬甸與例，每屆十年，由緬甸長官派員赴京，而勘定滇緬邊界設關通商，以踐前約。總署以但言派員赴京，並未明言貢獻，辯爭再四，始改爲呈進方物，循例舉行。而勘界通商，則皆如所請。歐格訥始允停止派員入藏。藏印通商，仍請中國體察情形再行商議。議既定，總署因與歐格訥商訂草約五欵。

其文曰：「一、因緬甸每屆十年，向有派員呈進方物成例，英國允由緬甸最大之大臣，每屆十年派員循例舉行。其所派之人，應選緬甸國人。一、中國允英國在緬甸現時所秉一切政權，均聽其便。一、中緬邊界應由中英兩國派員會同勘定。其邊界通商事宜亦應另立專章，彼此保護振興。一、烟台條約另議專條派人入藏一事，現因中國察看情形，諸多窒礙，英國允卽停止。至英國欲在藏印邊界議辦通商，應由中國體察情形，設法勸導，振興商務。如果可行再行，妥議章程。儻多窒礙難行，英國亦不催問。一、本約立定，由兩國特派大臣在中國京城將約文漢文英文各三份先行畫押，蓋用印章，恭候兩國御筆批准；在於英國京城速行互換，以昭信守」。此約第二欵承認緬爲英屬；第一第三欵成爲具文，蓋英人仍然入藏，而緬甸此後未嘗入貢中國也。約文於一八八六年（光緒十二年）七月二十四日在北京畫押；一八八七年八月二十五日在倫敦互換。

約文第三欵，有邊界應由中英兩國會同派員勘定之文，約文締結以後，遷延者五年。先是曾紀澤與英外部商議分界時，英人自以蹶關緬甸全境，所護已多，是以有稍讓中國展拓邊界之說。

當時英外部侍郎克雷（Grey）曾稱英廷願將潞江以東之地，自雲南南界之外起，南起暹羅北界，西濱潞江，東抵瀾滄江下游，其中北有南掌國，南有擇人各種，或留爲屬國，或收爲屬地，悉聽中國之便。曾紀澤特咨總理衙門，亦云南掌本係入貢中華之國，倘英人果將潞江以東讓我，似宜受之，將擇人，南掌均留爲屬國，責其按期朝貢。並將上邦之權，明告天下，方可杜後患而固邊圉等語。曾紀澤又嘗向英外部理論，欲索八幕之地，八幕蓋卽蠻幕之新街。昔時蠻幕土司之地頗大，後乃悉爲緬甸所併，其商貨滙集之區，謂之新街，洋圖譯音則爲八幕，距騰越邊外百數十里，在大金沙江上游之東，龍川江下游之北，檳榔江下游之南；向爲緬甸通商巨鎭，英人以其爲全緬菁華所萃，靳而未許。迨爭論數次，克雷始云，英廷已飭駐緬之官英勘驗一地，以便允中國立埠，且可在彼設關收稅。據參贊官馬格里（Macartney）云，八幕雖不可得，其東二三十里有舊八幕城，似肯讓與中國，日後貿易亦可臻繁盛。且允將大金沙江爲兩國公共之江。如此則形勢與彼同之，利益亦與彼分之，其隱裨大局，似尤較得潞東之地爲勝。曾紀澤以商辦已有端緒，因與外部互寫節略存卷，暫停不議。旋卽交卸回華。至光緒十七年（一八九一）駐英使臣薛福成見英人與暹羅勘界，並有創築鐵路通接滇邊之訊，恐分界通商事宜，不早籌議，臨時必受虧損，於是上書請與英人提議。及福成往促踐前議，英以公法爲解；謂西洋公法議在立約之後，不可不遵，議在立約之前，不能共守。蓋不認讓中國展邊界，及以大金沙江爲公共江，八幕近處勘地，中國立埠設關三端。薛福成以英既翻前議，因思野人山地縣亘數千里，不在緬甸轄境之內。復照英外部，請以大金沙江爲界，江東之境歸滇。而印度總督不允，出師蠶食邊外之昔馬，攻擊野人，以示不願分地之意。又欲借端停商全約。福成仍促速議，久之，英始允將久淪於緬之漢龍，天馬，兩關還中國。又久之，始允讓所據之鐵壁關。惟虎踞關英人以深入彼境七八十里，與八幕相近，不允讓。至於設關，拒尤力。福成以英既不允我地，則英所得於我之權利，亦應作廢。相持甚久，始就滇境東南商定，於孟定橄欖壩西南邊外讓一地曰科干。又自猛卯土司邊外包括漢龍關在內，作一直綫，東抵潞江麻栗壩之對岸止，劃歸中國，約計八百英方里。又車里，孟連土司所屬鎮邊廳，係爲兩屬，亦允全讓。並野人山毗連之昔馬亦允讓。至此界務告一結束。而商務，大金沙江行船，八幕立埠設關，英仍不允。福成久與爭論，始於行船一事，於約中另立一條，不許他國援例。而設關仍不肯通融惟約中於英人所得權利，如緬鹽不准運入滇境，英關暫不征收貨稅，領事僅設一員，限一定駐所，商貨僅由二路，不准開埠，英亦無詞。遂於二十年正月二十四日(一八九四年三月初一日)在倫敦定約共二十條。一二三四劃定各段界綫。五、中國不再索問永昌騰越邊界外隙地，英國於北丹泥及科干照所劃邊界讓與中國，孟連、江洪之地，亦歸中國，惟未定議以前，不得讓與他國。八、各貨物分別應稅不應稅。十、十一、分別各貨物准販運不准販運。十三、中國派領事駐仰光，英國派領事駐蠻允。十五、定交逃犯例。十七、定中英民在兩國界內相待最優例。又專條內各條欵僅用於兩國所指屬地，不能用於他處。是爲中英續議滇緬界務商務條欵。該約第四條：「議定北緯二十五度三十五分之北一段邊界，俟將來查明該處情形稍詳，兩國再定界綫」。是爲該約留存今之一懸案。又第五條：「豫先議定中國必不將孟連與江洪之全地或片土讓與別國」。乃次年（一八九五）法索雲南普洱徼外猛烏、烏得兩地，而英使歐格訥以兩地皆在江洪界內（車里），指爲違約。欲中國將八幕北野人山地，由薩伯坪起，東南到盞達，西南順南碗河折向瑞麗江，循江至猛卯，向南至工隆，八關科干皆在內，讓歸英，不許。英忽請允西江通商，再議野人山地，是亦一聲東擊西之法也。惟英人許讓野人山地無幾，而要求之通商口岸太多，拒之。英外部又以北丹尼、科干西地原屬緬，爲前薛福成定界時誤劃入華，求索回。又請於騰越、順寧、思茅三處設領事，及緬甸現有及將來續開之鐵路接入中國。又請援照俄、法條約利益，於新疆設領事。再三駁論，始允將新疆設埠，及援照俄、法利益一節刪去。滇緬接路一節，改爲俟中國鐵路展至緬界時，彼此相接。滇界領事一節，改爲將已設之蠻允領事改駐順寧或騰越一處。其思茅領事係援利益均霑之例，非英獨創。其野人山綫改爲南坎一處。作爲永租。餘俟兩國派員勘定。於是在光緒二十三年正月初三日(一八九七年二月四日)成立續議滇緬界務商務條約附款二十條，其與舊約無所增改者七條。十三條重新劃定界綫，將滇邊之地割讓若干與緬，包括科干、工隆在內。第四條無所增改，則北緯二十五度三十五分以北之界，仍然未定；所以英遂任意侵佔，而以高黎貢山爲界，所築道路進至片馬矣。

第四章　港灣租借

甲午一役以後，俄、法、德、三國出而干涉日本歸還遼東半島。三國之出此者，非有厚於中國也，蓋以此示好於中國，而爲要求報酬地步。三國中以法國要求爲最薄，僅在一八九六年續定界約商約中，割取湄江(瀾滄江下流)東岸之猛烏、烏得等地而去。顧其地原屬江洪(車里)、而一八九四年中英續定滇緬條約,有不讓別國之規定,於是英使提出抗議。一八九七年中英續約成，英國亦分得科干等地。

一八九六年俄皇舉行加冕典禮，中國始派王之春爲專使，而駐京俄使喀西尼(Cassini)言其地位不稱，請派親王大臣赴俄。於是授李鴻章爲欽差，頭等出使大臣，往俄致賀，並往英、法、德、美四國親遞國書，聯絡邦交，且擬徵求列國之同意，增加入口稅額。時鴻章年逾七十，朝命其子經述隨侍：一八九六年三月二十八日自滬登舟至波塞，四月二十三日改乘俄船至黑海登陸逕赴聖彼得堡。先訪俄外部，請期入覲，並晤俄財政大臣微德（Witte）。據微德回憶錄，誌其答訪李氏，提出鐵路經過滿洲之要求。其所持之理由，略稱俄國力助中國保其領土之安全，將來中國發生事變，俄雖出兵援助，而其大軍駐於歐洲，非有鐵路運輸，則難有濟於事。前中日戰時，俄軍奉命從海參崴出發，但以運輸不便，軍行稽延，及抵吉林，而戰事已終，無所爲力。中國許俄築路，經過滿洲，連接海參崴，則俄可得實力援助中國。鐵路經過之地，且能提高鐵路生產力焉。

李鴻章覲見俄帝后以後，又蒙俄皇秘密召見。李在六月十日致電總署告其事云：「向例遞國書後不再見，俄皇藉回宮驗收禮物爲名，未正接見；令帶經方傳話，不使他人聞知。先將禮物逐一查問，屬代奏謝。旋出示所藏鏤金托金玉如意，乾隆古稀天子玉璽，皆精品。即行至便殿，賜坐暢談。彼謂我國（俄國）地廣人稀，斷不侵佔人尺寸土地。中俄交情最密，東省接路，實爲將來調兵捷速。中國有事，亦便幫助，非僅利俄。惟華自辦，力恐不逮。或令在滬俄華銀行承辦，妥立章程，由華節制，定無流弊。各國多有此事例，勸請酌辦。將來英日難保不再生事，俄可出力援助云云。較微德前議加厚」。俄蓋欲以助華爲名，從陸路築一鐵道逕達一常年不凍之海港也。李鴻章在第二次覲見俄皇前七日已與俄外部大臣羅拔諾甫（Lobanov）財政大臣微德訂立密約六款，其文曰：

一第一款：日本國如侵佔俄國亞洲東方土地，或中國土地或朝鮮土地，卽牽礙此約，應立卽照約辦理。如有此事，兩國約明，應將所有水陸各軍屆時所能調遣者，盡行派出，互相援助。至軍火食糧，亦盡力互相接濟。第二款：中俄兩國既經協力禦敵，非由兩國公商，一國不能獨自與敵議立和約。第三款：當開戰時，如遇緊要之事，中國所有口岸，均准俄國兵船駛入。如有所需，地方官應盡力幫助。第四款：今俄國爲將來轉運俄兵禦敵，並接濟軍火糧食，以期妥速起見，中國國家允於中國黑龍江吉林地方接造鐵路以達海參崴。惟此項接造鐵路之事，不得藉端侵佔中國土地，亦不得有礙大清國大皇帝應有權利。其事可由中國國家交華俄銀行承辦經理。至合同條款，由中國駐俄使臣與銀行就近商訂。第五款：俄國於第一款禦敵時，可用第四款所開之鐵路運兵運糧運械。平常無事，俄國亦可在此鐵路運過境之兵糧。除因轉運暫停外，不得借他故停留，第六款：此約由第四款合同批准舉行之日算起照辦，以十五年爲限。屆期六個月以前，由兩國再商辦展限[二]。同年九月駐俄公使許景澄根據此約第四款與華俄道勝銀行代表締結東省鐵路公司合同十二款，所有關於承辦建築運輸徵稅贖路等事，皆備載於合同中，而別無其他政治條款。然據是年三月上海西報發表，而經申報轉載，英醫德貢（Dudgeon）得自總理衙門之所謂喀西尼密約，有約條十二條，與此合同之文全異。第一條，允彼之鐵路與中國邊界接連，自琿春築至吉林之恒春，向西北通吉林省城；另一支由西伯利亞至黑龍江之瑷琿，由瑷琿向西南築至齊齊哈爾，又由齊々哈爾至伯都訥，再向東南繞至吉林省城。第三條中國擬由山海關接至奉天省，由奉天省接至吉林省，准俄國預借銀兩，代中國由吉林起築。第五條准俄人派馬步兵隊自行保護鐵路。第七條准俄人在黑龍江吉林長白山等處開礦。第九條：將山東膠州灣賃與俄人建築營庫船塢。第十條遼東灣、旅順口、大連灣等處，如俄國別有兵事，准其將海陸各軍屯駐。此約與上述之密約合同內容，皆不相符，然皆補充之文，亦不得謂其爲僞也。李鴻章使俄事畢，歷訪德、荷、比、法、英、美等國，取道太平洋歸國。是行也，僅懷中俄密約而歸，至若海關加稅事，英人反對最力，難成事實。

中國積弱，在甲午一役之後，業已完全暴露，西方列強之要求，因是與野心而俱增。明知所求者雖不合理，而中國亦無法拒之。三國因還遼有功，法國業已先索酬報矣，德國當然不能向隅。數年前德國早有在福建沿岸得一根據地之計劃，然因從其探考家 Richthofen 之說，尤注重於膠州灣。一八九五年十月，德外部已命其駐京公使紳珂(Schcock)要求四事：其一即求海澳泊舟。同時中國駐俄公使許景澄亦電總署，稱德助爭遼，因請借地儲煤。總署以爲如許德國租借海澳，列強援例，將起無窮之要。乃一面拒絕紳珂，一面訓令許使向德外部說明。許使往談，德外相答稱，英、俄、法，在東方各有海港，想無所求；毫無放鬆租借之意，進而代籌辦法。明年紳珂迭向總署磋商，縱論英、日、俄、法離合之狀，以爲從無後憂。六月李鴻章遊德，德皇提出前議，李答歸國再議。十二月駐京德使海靖(Von Heyking)奉命向總署要求租借膠州灣，租期五十年。翁同龢記其事曰：「海先談海口泊舟，語含譏切，引歸遼爲功，而以加稅爲抵……前使紳珂以海口未成撤回，故靖海注重在此」。一八九七年（光緒二十五年）一月海靖再行要求，仍爲總署所拒，如是德國遂用武力矣。德國有砲艦名Iltes者，於是年七月二十三日自煙台開出，聲稱欲往長崎，其實開赴膠澳；不意行至榮成灣中遇颶風沉沒，共計劃爲之一挫。然不久又得藉詞，十一月一日，有傳教山東曹州鉅野縣張家莊之德國傳教士二人被匪徒殺害。據舊例保教之權屬於法國，惟自一八九〇年始，德國要求所有德國教士皆由本國保護。十一月十四日晨八時，德海軍少將Von Diederichs率領德兵在膠州灣上岸，軍樂前導，進佔灣內各山頭，中國守兵適在操練，以爲德兵欲借地練習，乃將操場讓出。德兵語中國守將曰：今來佔據膠澳，欲戰則戰，否則限三點鐘將防兵全行退出女沽口勞山以外；只允帶火槍一項，其餘軍火炮位概不准帶。以四十八小時退清爲限，過此即當整軍辦理。魯撫急電總署，總署一面電令守軍退出，一面派員與駐京德使海靖協商。十一月二十日海靖提出要求六款；一、山東巡撫李秉衡革職，永不叙用。二、給費建築教堂。三、嚴辦匪徒，賠償損失。四、明發諭旨，切實保護教士。五、德人得於山東建築鐵路，開採礦產。六、賠償德國辦理此案所用之經費。曹州殺害德國教士之訊，達德國，德皇固以德國前途在「海上」者，立命皇弟亨利(Henrich)統率艦隊赴華。十二月十五日祖餞於Kiel。德皇大放厥詞曰：「脫有人阻止德國要求權利，抑妨礙德國者，可以帶鐵手套之拳擊之」。

德國Koln城報論述其事云：「吾人曾與俄、法共助中國，中國對於俄法已有酬報，惟獨對於德國僅以美語空言爲報償。此種態度足使吾人感覺不快，而德國教師之被害，尤使吾人難以忍耐。所以德國艦隊佔據膠州，雖經中國抗議，吾人不能不有一土地保障也。吾人對於德國人未來之安寧，並要求極明瞭之保障。因是派遣第二艦隊赴遠東，運載士卒千五百人，由皇弟亨利親王統率。威廉二世餞行時之演說，應使中國了解，從速承認吾人要求。任何抵抗皆不可能，蓋歐洲現狀不許任何國家反抗德國。縱有此種反抗，亦無非爲孤立之反抗，質言之，無效之反抗」。赤裸裸地將德人心思合盤托出。顧當時列強無反對之決心，中國亦無抵禦之能力未免小題大作。惟西力東漸以來，能以強暴手段對付中國者，要以此爲第一次。德既行之於先，列強當然踵之於後，於是中國苦矣。

雙方交涉結果，政治條件另案辦理。教案解決之主要條件：曹州鉅野各建教堂，給官地十畝以下，每處六萬六千兩；並於七處建教士住房，共給銀二萬四千兩；嚴諭各省保護教士。雙方議商政治條件，其爭點凡三：一、租借地及年限，翁同龢迭請德國於山東之南租借一島，海靖堅決不許。乃欲開爲商埠，設立租界，亦爲德使拒絕。議商租界地段，翁同龢允許，或南或北一面，德使必欲全澳在內。關於年限，德國要求九十九年，翁氏力謀改爲五十年，亦不可得。二、築建鐵路，翁氏不敢允許，請恭親王奕訢決定。奕訢無奈何曰：「只得允之，但須中德合辦耳」。海靖所求者，初爲膠澳至濟南路綫，明年正月忽稱到濟南三字不妥，改由濟南至山東邊境，又言鐵路旁礦利漏未敘入。總署主張鐵路到濟南時，再與中國自辦幹路相接；海靖不許，轉而要求兩事：一、由膠澳另造鐵路達於沂州；二、山東鐵路，中國先與德國商量。終於光緒二十四年二月十四日（一八九八年三月六日）承認德國一切要求，訂立中德膠澳租界條約。約文首云：「中國另外酬德國前經相助之誼」，是明言租膠澳作酬報也。內分三端：第一端載明租借條件。中國許將膠州灣南北二面之島嶼，及口外海面群島租借於德，期爲九十九年，德國得於租借區域建築砲台。倘於期限之內，歸還中國，償以用款，並以較此相宜之地域讓與德國。約文規定膠州灣海面潮平周圍一百華里，准許德軍自由過調，中國倘於界內駐兵，須先與德國會商辦理。第二端關於鐵路礦務；中國許德於山東省內建築鐵路，其一自膠州灣經濰縣、青州、博山等處，而達濟南府；其一自膠州灣南至沂州，轉往萊蕪直達濟南府。凡鐵路附近之處相距三十里內之礦產，德國有開採之權。第三端關於山東全省，言明開辦各項事務，或用外人，或借外債，或買外料，德國有儘先承辦之權。約成，德國宣布青島爲自由商港。

德據膠州灣，祇有俄國可據中俄密約提出抗議，然而未提出者，蓋在密約締結以後，曾命海軍將領Tyrtov就地調查，據報其地不甚相宜，不如佔領旅順。微德回憶錄稱俄皇召集御前會議，外相陳說旅順地勢險要，可急據之，陸相贊助其說。所以德佔膠州以後，即命軍艦駛往旅順「暫泊過冬」。一八九八年一月七日駐京俄使要求黃海口岸屯煤與建造鐵路。已而俄艦遣軍登岸騷擾官民，並在金州一帶設卡殺人。總署面與駐京俄使交涉，一面電致駐德使臣許景澄與俄廷交涉。二月十七日景澄報告總署云：「本日俄君接見，澄電復請俄船退出旅、大，免中國爲難，並保東方太平之局。俄君稱俄船借泊，一爲膠事，二爲過多，三爲助華防護他國根據。而於退船一層不答。又復婉問，始云俟春暖離口，或留小船照看，惟冬令尙須回泊。又云中國須拒他國兵船屯泊，答以俄船果退，中國自易拒却他國。俄君謂望照我意詳達國家，並云我眞心關切中國，前後無異，請中國勿疑，又詢俄武員教習是否定議？我已告德君備派德員。答以天津尙有數員合同未滿。又謂公司鐵路將來倘通至黃海尤好，答以中國已定議由山海關一路展築至吉林，可與公司路通接。

又言我與中國皇上交誼親密，以後有事相需，務祈徑達我處等語」。三月二日俄代使巴布羅甫提出租借旅順大連，及延長鐵路，限期五日答覆。總署答已遣專使許景澄在俄交涉。越數日，俄使赴總署爭鬧。翁同龢記其事云：「巴使來大鬧，謂旅順大連租地，開通鐵路，斷不能改，已奉訓條在此議論，限一日覆，至緩二日。與言專使在彼，何得限日？竟拂衣而去」。三月十五日專使許景澄致總署電云：「頃外部訂晤，膠事已定，英已得他口利益，法亦有索件。故俄必須租得不凍海口，爲各師屯地，保護兩國權利。各款前已電巴，現將租期及租界電巴，轉達總署。一面顧全在接續商辦。至租界內收稅，理民，仍歸中國自主。中俄兵船，二口俱可同泊，其鐵路請中國准聽東省公司自鴨綠江至牛莊一帶水口擇宜通接等語。告以事關東方大局，中國允俄，則英、法、日，亦必生心，中俄交密，務請體察。彼云，俄已告明英、法，務請電達總署從速答覆。俄主意在必成，惟租界遠近或可酌商等語，詞意堅持，大非昔比。澄答以照去冬辦法，就屯煤地段略拓訂界，其水陸口隘由中國擔當保護，俟鐵路成時，酌議通接。僅與請商，候核示」。十六日景澄電總署稱外部告稱，如過三月六日（三月二十七）亦未成訂，俄國另有辦法。十七日又電總署稱俄外部「派巴代辦爲全權專使，商辦旅大各款，並須如期在京議結」。則此案已移京交涉，並限有期限矣。翁同龢三月初二日（三月二十三）記有云：樞臣歷陳現在危迫情形「請作各海口已失想，庶幾勵圖自立。旅大事無可回矣」。則除屈服外無他法，條約遂於三月二十七日畫押。凡九款，其內容大致如下：一、爲俄國水師在中國北方沿岸得有據地，中國允將旅順口，大連灣及附近水面租與俄國。（第一款）。一、租期二十五年，滿期可以會商展限（第三款）。一、租地以及附近海面調度水陸各軍，並設置治理地方人員，全歸俄國官辦理（第四款）。一、所租地界以北，定一隙地，隙地之內，中國可以設官治理，惟駐兵須得俄官同意（第五款）。一、旅順口獨准華俄船隻享用；大連灣別留一港專爲華俄兵艦之用，其餘各港，各國商船可以停泊（第六款）。一、俄國在租地內，尤在旅順大連兩口，得建築砲台安置防兵（第七款）一、中國允許東方鐵路公司從該幹路某一站起延長鐵路至大連灣；或由該幹路至營口鴨綠江中間沿海較便地方築一枝路（第八款）。條約畫押後，俄人進據旅順大連。同年五月十九日又續定旅大租地條約六款。第一款，租地從遼東半島西岸亞當灣之北起，穿過亞當山脊，至遼東半島東岸皮子窩灣北盡處止附近水面及陸地周圍各島，均准俄國享用。第二款，租地以北隙地，從遼東半島西岸，蓋州河口起，經岫巖城北，至大洋河，沿河左岸至河口止。第三款，東省鐵路之支路，達於旅順口及大連灣。第四款，俄國許中國在金州城設官並應需巡捕人等，中國兵應退出金州。由是俄國與德法「仗義」索還之遼東半島屬於俄國，俄國從此在東方有一不凍港，其志得意滿可知。孰知甫過七年，苦產業入官。若因修建衙署，築造砲台等官工需用地段，皆應從公給價。自開辦後，遇有兩國交犯之事，仍照中英原約香港章程辦理。查按照粘附地圖所租與英國之地內，有大鵬灣，深州灣水面，惟議定該兩灣中國兵船無論在局外局內，仍可享用者。均應自畫押之日起，中國五月十三日，即西歷七月一號，開辦施行」。

列强既在中國佔有海灣，法國自然不能落後。先是一八九七年三月法國駐京使臣要求總署聲明將來無論用屯煤或停船名義，不得將海南島讓與他國，三月十五日總署照覆許之。一八九八年三月十三日法代辦呂班(Dubail)赴總署面遞照會開列事單。一、車里、雲南、廣西、廣東等省，應照長江之例，不得讓與他國。二、中國郵政局總管令法員充管。三、由越南往雲南省城修造鐵路。四、在南省海面設立躉船之所。經總署電令駐法使臣慶常向法國外部切實商阻。迭據慶常電覆，法外部稱山東允德借地及鐵路數道，法獨向隅，議院不平，請派艦重辦。所開四事，必須照准，以免物議。如再遲延，外部迫於衆議，必出事故。呂班屢催總署速辦，事將決裂。總署不已許之，如中國和商，法必顧大局，否則不得不籌辦法。又稱議院請照俄德限時日，外部顧大局，惟請速允，文稿由其代定，不准更定一字，要求四項，概於四月十日照覆承認。一、中國與越南交界各省，均屬邊疆要隘，自應永歸中國自主，本無讓人之理。二、中國郵政現派總稅務司兼辦，規模粗立，未便輕議更張。將來設立總理郵政局，專派大臣之時，願照法國請囑之意，聘請法員相助。一、中國允准法國所指法國公司自越南邊界至雲南省城修造鐵路一道，查勘以後，另由兩國會同訂立章程。一、中國將廣州灣作爲停船躉煤之所，租與法國九十九年。在其地查勘後，將來彼此商訂該租界四至。租價將來另議。法國不待查勘劃界，即於四月二十二日派遣海軍少將高禮睿（Gigault de la Bedolliere）將廣州灣一帶，實行佔據，並及東海硇州兩島。佔據以後，拆燬官廳，建造兵房，傷斃人命，轇轕年餘。至一八九九年十一月十六日始由廣西提督蘇元春，與法國代表高禮睿會勘完畢，議定界約七條。一、中國將廣州灣租與法國作爲停船躉煤之所，定期九十九年。一、租界包括沿灣陸地與內地島嶼，連同東海硇州兩島在內。一、租界內華民居住照常自便，不可迫令遷移一、法國在租界內可以建築砲台，駐紮兵丁。一、中國商人船隻在租界灣內，如在中國通商各口，一律優待辦理。一、中國允許法國在廣州灣赤坎至安鋪兩地間建造鐵路電綫。按廣州灣非良港，並無河流注入，陸路亦乏銷場，而法國捨海南島之海口所，而取此灣者，蓋本其海軍部之計劃。或以其地扼廣南五府之衝要，而優於海口所之僅能控制海南島者歟？

意大利新興之國，雖與中國關係甚微，亦欲染指於鼎。其駐京使臣於一八九九年二月二十八日向總署口頭要求租借浙江之三門灣，以作屯煤停船之用，並要求從灣內建築鐵道達於江西之鄱陽湖。總署拒之，並電令浙撫嚴防。浙撫劉樹棠奏陳防務情形云：「彼之稱兵，爲佔地計，不若授之以隙，與以可佔之地，誘令登岸，以求一戰。查鎭海爲我重兵所在，敵或不敢輕犯，蹈兵法攻堅之忌。乍浦爲省垣門戶，亦所注意，我防守嚴密，亦必不敢輕試。……臣之愚見，力主誘敵登岸之計，意人所欲者三門灣，臣卽以台州灣給之。查台州灣口岸，除海門以外，其餘如健跳松門等處，皆海岸荒寒，居民寥落。再進則重山疊嶺，歧路縱橫，皆天生用奇設伏之地。擬將健跳松門兩處防營，移倂海門，該兩處闕而不守，敵思得志三門，必耀兵於台洋。若蹈此地之瑕而登陸，則敵入吾彀中。臣已密飭台防文武，嚴密布置，多設疑台疑兵，引之出於此路。敵卽不由此路我亦無所損失。總之，以台地作爲戰地，有二利焉：一、山川掩映，地利之險可扼；二、民情强悍，新募亦皆可用。臣現籌防務，係將全邊連爲一氣。若敵攻鎭海，則以石浦防營爲應援，台防之兵進駐石浦爲後備。攻海門亦以石浦防營爲應援，鎭防之兵移駐石浦爲後備。若攻石浦，則鎭防台防兩路分兵來援。若攻乍浦則以省防爲應援，湖防之兵，調駐省垣爲後備。其溫州一口、則專以台防爲應援。沿途均設有瞭台哨探，由寧波至溫台一帶，現已招定商人接設電線，正在舉辦。臣默揣現有兵力，若與敵人陸戰，洵足以殺敵致果。若謂海防嚴密，可使敵一兵一卒，不得至岸，臣實不敢爲此讕語，以欺聖明。至於敵既登陸，不使深入，臣竊自揣，尙有把握」。紙上談兵，將來事未必盡如所料，然意人放棄其企圖者，未始非有備無患之效也。後意艦於一九〇三年夏窺伺象山港，亦無所得而去。

各國既各據有港灣，畫定勢力範圍，而美國獨無所得，美國國務卿海約翰（John Hay）乃於一八九九年九月六日通令其駐英、德、俄、三國大使向三國要求正式宣言，在所佔中國土地之內共守「門戶開放政策」。所謂門戶開放，要可分爲三點。一、通商口岸及投資所得之權利，凡在勢力範圍或租借地者，列强不得干涉。二、貨物輸出輸入之稅則，除自由港外，概由中國政府根據條約上之規定，徵收稅銀，各國商人一律待遇，不得稍異。三、各國在華之噸稅，及其承辦鐵路對於貨物之運費，一律待遇，不得賦予本國商人特殊利益。總之門戶開放之最初目的，僅限於商業，即所謂經濟上之機會平等也。其後法、德、英、意、日、俄覆文贊成美國提議。

卷三　反應圖存時代

第一章　戊戌變法

此一八九八年爲列强割據沿海港灣之年，亦爲德宗發奮變法之年，二者蓋互爲因果也。當駐京俄使提出租借旅大要求時，上召諸臣入對。翁同龢日記有云：「上亦不能斷也。見起三刻，衡量時局，諸臣皆揮涕」。具見君臣所受激刺之深，非變法不足以自存。鴉片戰爭以後輸入西學西法者，要歸功於英美傳教士：或如傅蘭雅輩翻譯書藉，啓發民智；或如林樂知輩刊行萬國公報，使華人明瞭世界消息；或如李提摩太輩遊說公卿，採用西法。尤以基督教新教所設書館如廣學會之類，影響士大夫頗深。然當時士大夫主張墨守舊法者甚衆，前此雖有主張變法之人，尚未敢公然結會立說。甘撫陶模嘗論之曰：「世變之奇，有先聖所不及料者，而士大夫猶以不談洋務爲高。夫不談洋務可也，不知彼，並不知己，不可也。今我政事因循，上下粉飾，吏治營務久爲鄰國所竊笑。明明不如人，而論事者動發大言，自謂出於義憤。不知適以長庸臣之怠傲，蔽志士之聰明。一二有識者畏受訾謷，或曲爲附和，或甘爲緘默，絕無古名臣交相警戒之風。平日視危爲安，視弱爲弱。文武驕惰，莫由覺悟。一旦有事，不肯平心體察；謬托正論，務虛名而賈實禍。誠可爲痛哭流涕者也」。

讀此可見當時主張變法之難。張文襄公亦主張變法者也，在勸學篇中尙不能不引經據典，以古證今，餘可知也。其言曰：「夫不可變者，倫紀也，非法制也；聖道也，非器械也；心術也，非工藝也。請徵之於經，窮則變，變通盡利，變通趣時，損益之道，與時偕行，易義也。器非求舊唯新，尙書義也。學在四夷，春秋義也。五帝不沿樂，三王不襲禮，禮時爲大，禮義也。溫故知新，三人必有我師，擇善而從，論語義也。時措之宜，中庸義也。不耻不若人，何若人有？孟子義也。請徵之於史，封建變郡縣，辟舉變科目，府兵變召募，車戰變步騎，租庸調變兩稅，歸餘變活閏，篆籀變隸楷，竹帛變雕板，籩豆變陶器，粟布變銀錢，何一是三代之舊乎？歷朝變法最着者四事，趙武靈王變法習騎射，趙邊以安。北魏孝文帝變法，尙文明，魏國以治。此變而得者也。商鞅變法，廢孝弟仁義，秦先强而後促。王安石變法，專務剝民，宋因以致亂。此變而失者也。商王之失，在殘酷剝民，非不可變也，法非其法也。請徵之本朝，關外用騎射，討三藩用南懷仁大砲。乾隆中葉科場，表判改五策；歲貢以外，增優貢拔貢。嘉慶以後，綠營之外，創募勇。咸豐軍興以後，關稅之外抽厘金。同治以後，長江設水師，新疆吉林改郡縣，變者多矣。即如輪船電線創設之始，訾議繁興，此時欲廢之，有不攘臂而爭者乎」？

甲午之後，明達時務者始倡言變法，翰林院侍讀學士文廷式議創强學書局，鼓吹改革，激勵士氣。康有爲梁啓超在京會試，加入活動。刊行公報，分送朝士貴人，會員凡數十人，英美人士有列名會員者，實無異於一種政治結會。所擬辦之事凡五：一、譯東西文書籍；二、刊布新報；三、開大圖書館；四、設博物儀器院；五、建立政治學校。已而設强學分會於上海。後被御使楊崇伊奏請查封，北京强學書局開辦僅四月，上海分會僅有月餘。梁啓超等乃改倡時務報館於上海，以其明白暢達之文字，作改革時局之宣傳。嗣後各地之學會學堂報館風起。據梁氏之戊戌政變記列擧三年以內國內外設置者凡五十一所。此爲當時在野人士之提倡變法。

德宗之變法，康有爲輔導之力爲多。有爲原名祖詒，廣東南海人，光緒二十一年（一八九五）進士，用工部主事。少從朱次琦遊，博通經史，好公羊家言；言孔子改制，倡以孔子紀年，尊孔保教。先聚徒講學。入都上萬言書，議變法。給事中余聯沅劾以惑世誣民，非聖無法，請焚所着書中日議欵，有爲集各省公車上書，請拒和遷都變法，格不達。復獨上書，由都察院代遞，德宗覽而善之，命錄存，備省覽。再請誓群臣，以定國是；開制度局以議新制；別設法律、度支、學校、農、工、商、鐵路、郵政、礦務、遊會、陸軍、海軍、民政等局，以行新政；均下總署議。二十四年（一八九八）有爲立保國會於京師。尙書李端棻學士徐致靖張百熙給事中高燮曾等先後疏薦有爲才。大學士翁同龢復密薦之，稱：「康有爲之才過臣百倍，請皇上舉國以聽」。四月二十三日（六月十一）德宗詔定國是曰：「數年以來，中外臣工講求時務，多主變法自强。邇者詔書數下，如開特科，汰冗兵，改武科制度，立大小學堂，皆經一再審定，籌之至熟，妥議施行。惟是風氣尙未大開，論說莫衷一是，或狃於老成憂國，以爲舊章必應墨守，新法必當擯除，衆喙嘵嘵，空言無補。試問時局如此，國勢如此，若仍以不練之兵，有限之餉，士無實學，工無良師，强弱相形，貧富懸絕，豈眞能制梃以撻堅甲利兵乎？朕維國是不定，則號令不行，極其流弊，必極門戶紛爭，互相水火，徒蹈宋明積習，於國政毫無補益。即以中國大經大法而論，五帝三王不相沿襲，譬之冬裘夏葛，勢不兩存。用特明白宣示中外大小諸臣，自王公以下士庶，各宜努力向上，發憤爲雄，以聖賢義禮之學，植其根本，又須博採西學之切於時務者，實力講求，以救空疏迂謬之弊。專心致志，精益求精，毋徒襲其皮毛，毋競騰其口說，務求化無用爲有用，以成通經濟變之才。京師大學堂爲各行省之倡，尤應首先舉辦，着軍機大臣總理各國事務王大臣會同妥速議奏所有翰林院編檢，各部院司員，各門侍衛，候補候選道府州縣以下各官，大員子弟，八旗世職，各武職後裔，其願入學堂者，均准入學肄習。以期人才輩出，共濟時艱。不得敷衍因循，徇私援引，致負朝廷諄諄誥誡之至意。將此通諭知之」。同月二十七日諭大學士翁同龢開缺回籍，同龢爲德宗師傅，深爲太后所忌，故罷其職以示保全。至是德宗左右愈覺無人，乃於翌日(六月十六)召見康有爲於仁壽殿。上深以廷臣守舊阻礙變法爲憂。康有爲面奏，請皇上勿去舊衙門，而惟增置新衙門。勿黜革舊大臣，而惟漸擢小臣。多召見才俊志士，不必加其官，而惟委以差事，賞以卿銜，許其專摺奏事足矣。彼大臣向來本無事可辦，今但仍其舊，聽其尊位重祿，而新政之事別責之於小臣，則彼守舊大臣既無辦事之勞，復無失位之懼，怨謗自息。卽皇上果有黜陟之全權，而待此輩大臣亦祇當如日本待藩侯故事，設爲華族，立五等之爵以處之，厚祿以養之，不必盡去之也。上然其言，自辰入至日昃始退。命在總理衙門章京上行走，特許專摺言事，旋召侍讀楊銳中書林旭主事劉光第知府譚嗣同參預新政。

嗣後上諭屢頒，茲擇其重要者錄次於下，用見三月以來興革諸端。

五月初一日(六月十九日)諭軍機大臣等：「戶部兵部會奏遵議御史曾宗彥奏請精練陸軍改爲洋操並將各省兵數餉數開單呈覽一摺。今日時勢，練兵爲第一大政，練洋操尤爲練兵第一要著，惟須選教習以勤訓課，核餉力以籌軍實。現在天津新建陸軍，江南自强軍，均係學習洋操，北省勇隊着由新建陸軍酌撥營哨之學成者分往教練，南省則由自强軍酌撥，營規口號均須一律。各直省將軍督撫統限六箇月內將併餉練隊及分紮處所妥議覆奏。至軍械鎗砲應飭各省機器局酌定快鎗快砲格式，鎗子彈分量造法，互相討論，折衷一是，如式製造，精益求精，以期利用並着。一體妥速籌辦，毋得宕延。餘依議，原摺均着鈔給閱看。將此通諭知之」。

五月初五日(六月二十三日)諭：「我朝承宋明舊制，以四書文取士，康熙年間曾經停止八股改試策論，未久旋復制藝。一時文運昌明，儒生稽古窮經，類能推究本原，發明義理。制科所得不乏通經致用之才，乃近來風氣日漓，文體日敝。所試時藝，大都隨題敷衍，於經義罕有發明；而譾陋空疏者每獲濫竽充選。若不因時變通，何以見實學而拔眞才。着自下科爲始，鄉會試及生童歲科各試，向用四書文者，一律改試策論。其如何分場命題考試，一切詳細章程，該部即妥議具奏。此次特降諭旨，實因時文積弊太深，不得不隨時改變，以破拘墟之習。至士子爲學，自當以四子六經爲根底。策論與制藝殊流同源，仍不外通經史以達時務。總期體用兼備，人皆勉爲通儒；毋得競逞博涉，徒蹈空言，致負朝廷破格求材之至意」。

五月初七日(六月二十五日)諭：「前因盧漢開辦鐵路，設立招商公司，特派盛宣懷督辦。計時將及兩年，所有勘路購地各事，應辦有端緒。此項鐵路，關係緊要，豈容觀望遷延。現在業已籌有的款，着盛宣懷尅日興工趕辦。並將辦理情形先行具奏，倘再延不開辦，玩誤要工，責有攸歸，盛宣懷豈能當此重咎耶？此外粵漢寧滬各路，著承辦各員一體迅速開辦，毋得任意遲緩」。

五月初九日(六月二十七日)諭：「玆當整飭庶務之際，部院各衙門承辦事件首戒因循。前因京師大學堂爲各省之倡，特降諭旨，令軍機大臣總理各國事務王大臣會同議奏。卽着迅速覆奏，毋再遲延。其各部院衙門於奉旨交議事件，務當督飭司員尅期議覆。倘再仍前玩愒，並不依限覆奏，定卽從嚴懲處不貸」。

五月十五日(七月三日)諭：「軍機大臣會同總理各國事務衙門王大臣奏，遵旨籌辦京師大學堂並詳細章程繕單程覽一摺。京師大學堂爲各行省之倡，必須規模宏遠，始足以隆觀聽，而育英才。現據該王大臣詳擬章程，參倣泰西學堂，綱擧目張，已屬周備。卽着照所擬辦理。派孫家鼐管理大學堂事務，辦事各員由該大臣愼選奏派。至總教習總司功課，尤須選擇學賅中外之人，奏請簡派；其分教習各員，亦一併精選，中西並用。所需興辦經費，及常年款項，着戶部分別籌撥。所有原設官書局，及新設之譯書局，均併入大學堂，由管學大臣督率辦理。此次設立大學堂，爲廣育英才講求時務起見，該大臣務須督飭該教習等按敎所定課程，認眞訓迪，日起有功，用副朝廷振興實學至意」。

五月十六日(七月四日)諭：「總理各國事務衙門奏議覆御史曾宗彥奏請振興農學一摺。農務爲富國根本，亟宜振興。各省可耕之土未盡地力者尙多，着各督撫飭各該地方官勸諭紳民兼採中西各法切實興辦，不得空言搪塞。須知講求農田種植之道，全在地方官隨時維持保護，實力奉行如果辦有成效，准其擇尤奏請獎敘。上海近日創設農學會，頗開風氣，着劉坤一查明該學會章程咨送總理衙門查核頒行。其外洋農學諸書，着各省學堂廣爲編譯。以便肄習」。

五月十七日(七月五日)諭：「自古致治之道，必以開物成務爲先。近來各國通商，工藝繁興風氣日闢。中國地大物博，聰明才力，不難傑出；祇以囿於舊習，未能自出新奇，振興庶務。富强至計，首在鼓舞人才。各省市民若有新書以及新法製成新器，果係足資民用者，允宜獎賞，以爲之勸。或量其材能，授以實職；或錫之章服，表以殊榮。所製之器，頒給執照，酌定年限，准其專利售賣。有能獨力創辦學堂，開闢地利，興造鎗砲各廠，有裨於興國殖民之計者，並着照軍功之例，給予特賞，以昭鼓勵。其應如何定章之處，着總理各國事務衙門即行妥議具奏」。

五月二十一日(七月九日)諭：「前據順天府府尹胡燏棻奏請精練陸軍，並神機營改用新法操演，出使大臣伍廷芳奏京營綠營參用西法各摺片，先後諭令軍機大臣會同議奏。改練洋操，爲練兵要着，各省綠營練勇，迭經諭令認眞裁併，一律挑練。着該將軍督撫歸入前次戶部兵部議覆御史曾宗彥奏請改操摺內，一併迅速籌議，切實具奏。神機營業經挑選馬步官兵一萬人勤加訓練，即着汰弱留强，實力講求，務成勁旅。八旗滿洲蒙古漢軍驍騎營兩翼，前鋒護軍營，均着以五成改習洋操，五成改習洋機抬鎗，着派奕劻色楞額永隆管理。八旗驍騎營崇禮載卓蘇魯岱，管理兩翼前鋒護軍營奕劻，向來辦事認眞，熟諳武備，務須會同簡派各員，並督同各旗營專操大臣，按照泰西兵制，更定新章，認眞操演。其八旗漢軍砲隊營，籐牌營，着一併改用新法，挑練精壯，如式演練，以成有用之兵。倘使日起有功，何惜寬籌餉項。各直省將軍督撫，及該管王大臣等，務當振刷精神，屏除積習，毋得始勤終怠。至一切陣法，器械，營制，餉章，及挑選將弁教習各節，着按照胡燏棻等所奏，議定切實辦法，奏明辦理，用副朝廷整軍經武至意。將此通諭知之」。

五月二十二日(七月十日)諭：「前經降旨開辦京師大學堂，入學肄業者，由中學小學以次而升，必有成效可覩。惟各省中學小學尙未一律開辦，總計各直省省會及府廳州縣無不各有書院，着各該督撫督飭地方官各將所屬書院處所經費數目，限兩箇月詳覆具奏；卽將各省府廳州縣現有之大小書院，一律改爲兼習中學西學之學校。至於學校階級，自應以省會之大書院爲高等學，郡城之書院爲中等學，州縣之書院爲小學，皆頒給京師大學堂章程，令其倣照辦理。其地方自行捐辦之義學社學等，亦令一律中西兼習，以廣造就。至各書院需用經費，如上海電報局招商局，及廣東闈姓捐，頗有溢款；此外陋規濫費，當亦不少，着該督撫盡數提作各學堂經費。各省紳民如能捐建學堂，或廣爲勸募，准各督撫按照籌捐數目，酌量奏請給獎。其有獨力措捐鉅款者，朕必予以破格之賞。所有中學小學應讀之書，仍遵前諭，由官設書局編譯中外西書，頒發遵行。至於民間祠廟，其有不在祀典者，即着由地方官曉諭民間，一律改爲學堂，以節糜費，而隆教育。似此實力振興，庶幾風氣徧開，人無不學，學無不實，用副朝廷愛養成材至意。將此通諭知之」。

五月二十四日（七月十二日）諭：「各國傳教載在條約，迭經諭令各該督撫妥爲保護，以期民教相安。乃本年四川川北廳等處教案未了，廣西永安州復有殺斃教民之事，湖北沙市亦有因案牽連之事，總由地方官不能仰體朝廷諄諄誥誡之意。遇有民教交涉案件，非漫不經心，即意存歧視畛域未化，嫌隙易生，無怪教案之屢見迭出也。用是特加申諭各直省大吏，凡有教堂州縣，務當諄飭地方官實力保護。平日如有教士謁見，不得任意拒絕，使彼此誠信相孚，從教之人亦不致藉端生事。一面開導百姓，毋以薄物細故，輕啓釁端。即使事出倉猝，該管官吏果能持平辦理，亦何難消患未萌。是在各該將軍督撫嚴飭所屬隨時妥愼籌辦。從前未結之案，即着迅速了結。此後不准再有教案。倘仍防範不力，除將該地方官照總理各國事務衙門奏定新章從嚴懲辦外，該將軍督撫責無旁貸，亦必執法從事，勿謂言之不預也。將此通諭知之」。

同日諭：「總理各國事務衙門會同禮部奏，遵議經濟特科章程，開單呈覽一摺。所擬章程六條，尙屬詳備，卽照所請行。經濟特科原期振興士氣，亟應認眞選擧，以廣登進，而勵人才。着三品以上京官，及各省督撫學政，各舉所知，限於三箇月內，迅速咨送總理各國事務衙門，會同禮部奏請考試一次。俟咨送人數足數考選，即可隨時奏請定期舉行，不必俟各省彙齊，再行請旨，用副朝廷側席求賢至意。該衙門知道，單併發。將此通諭知之」。

同日諭：「前經降旨，各省士民着書製器及捐辦學堂等事，給予獎勵，諭令總理各國事務衙門妥議具奏。茲據該王大臣等議定詳細章程，開單呈覽。所擬給予世職實官虛銜，及許令專利須賞匾額各節，量能示獎，尚屬妥協，着依議行。即由各衙門咨行各直省將軍督撫，通行所屬，將章程出示曉諭，以動觀聽，而開風氣。朝廷鼓勵人才，不靳破格之賞，仍應嚴防冒濫，所有著書製器各事，該衙門務當認眞考驗，嚴定罰懲，以期無負振興庶務，實事求是之至意」。

五月二十六日（七月十四日）諭軍機大臣等：「振興商務，爲富强至計，必須講求工藝，設廠製造，始足以保我權利。王文韶面奏粵東商人張振勳在煙台創興釀酒公司，採購洋種葡萄，栽植頗廣，數年之後當可坐收其利。又北洋出口之貨，以駝絨羊毛爲大宗，就地購機，仿造呢羽毯等物，亦可漸開利源，前經批准道員吳懋鼎在天津籌款興辦等語。著榮祿飭令該員吳懋鼎張振勳等即行照案舉辦，但使製造益精，銷路暢旺，自可以暗塞漏卮。務令該員等各照認辦事宜切實籌辦以收實效。仍將如何辦理情形，由榮祿隨時奏報。將此諭令知之」。

同日諭：「近來各省商務未見暢興，皆由官商不能聯絡，遇有鋪商倒閉，追比涉訟，胥吏需索，以致商賈觀望，難期起色。當此整頓商務之際，此種情弊，亟宜認眞釐剔。著各直省將軍督撫嚴飭各該地方官，務須體察情形，盡心保護。凡有倒閉虧空之案，應即訊明查追斷還，並嚴禁胥吏勒索等弊，以儆奸蠹，而安善良」。

五月二十八日(七月十六日)諭：「裁空糧節餉需，爲方今救弊之要圖，前經諭令各省體察情形妥速具奏。現據該將軍督撫先後奏陳，或裁制兵，或裁防勇，或裁練軍，或稱業經裁併無可再裁。當經詳加披閱，各省情形雖屬不同，但法弊則亟宜變通，財匱則尤資補救。其已裁者，即著照擬定章程妥速辦理；其未裁者，仍著再行切實酌覈。總期裁一名空糧，即節一分虛糜。空糧裁盡，餉項自舒，無論水陸各軍，一律挑留精壯，勤加訓練，俾成勁旅。並著遵照前降諭旨，力行保甲，詰姦禁暴，相輔而行。再能整頓釐金，嚴杜中飽。富國強兵之計，無有亟於此者。當茲時事多艱，朕宵旰焦勞，力圖振作，每待臣下以誠，而竟不以誠相應。各該疆臣身膺重寄，具有天良，何至諄誡諄諄，仍復掩飾支吾，苟且塞責耶？經此次諄諭之後，倘再有仍前敷衍，不肯實力奉行，經朕查出，或別經發覺，試問各該大臣能當此重咎否也？將此通諭知之」。

六月初一日(七月十九日)諭：「張之洞陳寶箴奏請飭妥議科舉章程，並酌改考試詩賦小楷之法一摺。鄉會試改試策論。前據禮部詳議，分場命題；各章程已依議行。茲據該督等奏稱，宜合科舉經濟學堂爲一事。求才不厭多門，而學術仍歸一是。擬爲先博後約，隨場去取之法，將三場先後之序互易等語。朕詳加披閱，所奏各節，剴切周詳，頗中肯綮。著照所擬鄉會試仍定爲三場第一場試中國史事國朝政治論五道；第二場試時務策五道，專問五洲各國之政專門之藝；第三場試四書義兩篇，五經義一篇。首場按中額十倍錄取；二場三倍錄取，取者始准試次場。每場發榜一次，三次完畢如額取中。其學政歲科兩考，生童亦以此例推之。先試經古一場，專以史論時務策命題。正場試以四書義經義各一篇。禮部卽通行各省，一體遵照。朝廷於科舉一事，斟酌至再不厭詳求。典試諸臣務當仰體此意，精心衡校，以其遴選眞才。至詞章楷法，雖館閣擬撰應奉文字未可盡廢，如需用此項人員，自當先期特降諭旨攷試，偶一舉行，不爲常例。嗣後一切攷試，均以講求實學實政爲主，不得憑楷法之優劣爲高下，以勵碩學，而黜浮華。其未盡事宜，仍著該部隨時妥酌具奏」。

六月初三日(七月二十一日)諭：「現在變通科舉，業經准如張之洞陳寶箴所奏，更定新章。並著禮部詳議條目，頒行各省。鄉會試攷試策論，一洗從前空疏浮靡之習。殿試一場爲通籍之始典禮至重，朕臨軒發策，虛衷採納，自必遴取明禮達用之才。嗣後一經殿試，卽可量爲授職。至於朝攷一場，着即行停止。朝廷造就人才，惟務振興實學，不憑楷法取士。俾天下翕然向風，講求經濟，用以備國家任使，朕實有厚望焉」。

六月七日（七月二十五日）諭軍機大臣等：「振興商務爲目前切要之圖。疊經諭令各省認眞整頓辦理，尙無頭緒。泰西各國首重商學，是以商務勃興，稱雄海外。中國地大物博，百貨浩穰，果能就地取材，講求製造，自可以暗塞漏巵，不致利歸外溢。着劉坤一張之洞揀派通達商務明白公正之員紳，試辦商務局事宜。先沿江海，如漢口上海一帶，查明各該處所出物產，設廠興工。果使製造精良，自能銷路暢旺，日起有功。應如何設立商學，商報，商會各端，暨某省所出之物產，某貨所宜之製造，並着飭令切實講求，務使利源日闢，不令貨棄於地，以期逐漸推廣，馴致富强。事屬創辦，總以得人爲先，該督等愼選有人，即着將擬定辦法迅速奏聞，毋稍延緩。將此各諭令知之」。

六月初八日（七月二十六日）諭：「御史韓培森奏請籌辦倉穀一摺。積穀爲民食攸關，遇有偏災，藉資補救。乃各地方官往往不以民事爲重，以致所設倉廒，半屬有名無實。如逢前後任接代，恒以銀錢抵交，期於簡便。一遇荒歉，輒請開放賑款，留截漕糧，復圖中飽，毫無實惠。此風亟應禁革，着各督撫嚴飭各府州縣，所有倉穀務當認眞籌辦，實儲在倉。其有以銀錢列抵交代者，勒限一律買補，以備緩急。不得陽奉陰違，虛應故事」。

同日諭：「孫家鼐奏遵議上海時務報改爲官報一摺。報館之設，所以宣國是而達民情，必應官爲倡辦。該尚書所擬章程三條，均尙周妥，着照所請，將時務報改爲官報，派康有爲督辦其事。所出之報，隨時呈進。其天津上海湖北廣東等處報館，凡有報單，均着該督撫咨送都察院及大學堂各一份。擇其有關時務者，由大學堂一併呈覽。至各報體例，自應以指陳利弊，開擴見聞爲主。中外時事，均許據實昌言，不必意存忌諱，用副朝廷明目達聰勤求治理之至意。所籌官報經費，即依議行」。

六月十一日(七月二十九日)諭軍機大臣等：「國家講求武備，非添設海軍，籌造兵輪，無以爲自強之計。玆經召見裕祿，詢以福州船廠情形。據奏工匠機器一切均足以資興造，惟所須款項較鉅，必須於原撥常年經費以外，另籌的款，按年撥解，庶足備製造船砲之用。着各該將軍督撫遵照單開指撥數目，妥議辦理。方今時勢艱難，朕宵旰焦勞，力求振作，思禦外侮，則整軍經武難再視爲緩圖。各該將軍督撫受恩深重，當日時艱，亦當仰體朕懷，協力同心，先其所急。當此度支匱乏，難於挹注，惟有於無可設法之中，力籌撥濟。如釐金之剔除中飽，局務之酌量歸併，當破除情面，實力籌惟，倘指款實有不敷，除應解各項京餉，暨應還洋款，不准挪動外，其餘無論何款，准其移緩就急，如數撥解，不准託詞延宕。國計安危所繫，我君臣總宜相感以誠，同維大局，用副殷殷訓誥之至意。仍將遵辦緣由，於接奉此旨十日內，先行電奏，以慰廑系。原章着鈔給閱看。將此各諭令知之」。

同日諭：「李端芬奏各省學堂請特派紳士督辦等語。現在京師大學堂業經專派管學大臣赵日與辦，各省中學堂小學堂亦當一律設立，以爲培養人才之本。惟事屬創始，首貴得人，着各該督撫就各省在籍紳士中，選擇品學兼優能孚衆望之人，派令管理各該學堂一切事宜。仍隨時稟承督撫，認眞辦理。該督撫愼選有人，卽着奏請派充，以責專成，而收實效」。

同日諭：「李端芬奏請删改則例等語。各衙門咸有例案，勒爲成書，斠若畫一，不特易於遵行，兼可杜吏胥任意准駁之弊，法至善也。乃閱時既久，各衙門例案太繁，堂司各官不能盡記，吏胥因緣爲奸，舞文弄法，無所不至。時或舍例引案，尤多牽混附會，無論或准，或駁，皆恃例案爲藏身之固。是非大加删訂，使之歸於簡易不可。着各部院堂官督飭司員，各將該衙門舊例細心紬繹，其有語涉兩歧，易滋弊混；或貌似詳細，揆之情理，實多窒礙者，槪行删去。另定簡明則例，奏准施行。一切舊例不得再行牽涉，尤不得藉口無例可援，濫引成案，致啓弊端。如有事屬創辦，不能以成例相繩者，准該衙門隨案據實聲明，請旨辦理。仍按衙門繁簡，立定限期，督飭司員，迅速辦竣具奏。將此通諭知之」。

六月十二日(七月三十日)諭：「近因各省裁汰營勇，保衛地方，全在嚴查保甲，以輔兵力之不足。各省辦理保甲，章程未必詳備，迭經諭令各督撫從嚴稽察，率皆視為具文，並未將現辦情形詳晰覆奏，殊屬因循廢弛。自此次申諭之後，各該督撫務當嚴飭地方官於保甲一事實力舉行，以期民情固結，奸宄無從匿跡。仍將整頓辦法先行切實具奏，以副朕綏靖閭閻至意」。

六月十五日(八月二日)諭：「朝廷整飭吏治，不啻三令五申。乃各省大吏往往粉飾因循，於所屬各員不肯認真考察，以致賢者無由各盡其長，不肖者得以自匿其短。甚致案關吏議，尚不免巧為開脫，誤國病民，皆由於此。着各省督撫嗣後於屬員中，務當嚴加考核，賢能者即行臚陳政績，保薦擢用；其曠廢職事營私舞弊之員，隨時分別奏參，立予黜革。經此次申諭後，各該督撫身膺重寄，尚其振刷精神，秉公舉劾，以期吏治日有起色，毋負諄諄誥誡之至意」。

同日諭：「通商惠工，古之善政。方今力圖富強，業經明諭各省振興農政，獎勵工務，並派大臣督辦沿江等處商務。惟中國地大物博，若不開通風氣，不足以盡地力，而闢利源圖治之法，以農為體，以工商為用。現當整飭庶務之際，着各直省督撫認真勸導紳民，兼採中西各法，講求利弊。有能創製新法者，必當立予優獎。該督撫等務當體仰朝廷開物成務之意，各於該管地方考察情形，所有頒行農學章程，及製造新器新藝專利給奬，並設立商務局選派員紳開辦各節，皆當實力推廣，俾有成效。此外迭經明降諭旨飭辦事宜，亦均悉心講求，次第興辦。毋得徒託空言，一奏塞責。並將各項如何辦理情形，隨時具奏。將此通諭知之」。

同日諭：「朝廷振興庶務，不厭講求；所賴大小臣工各抒讜論，以備採擇。着翰林院詹事府都察院各於值日之日，由該堂官輪派講讀編檢八員，中贊二員，科道四員，隨同到班，聽候召見藉收敷奏以言之益。其部院司員有條陳事件者，着由各堂官代奏。士民有上書言事者，着赴都察院呈遞。毋得拘牽忌諱，稍有阻格，用副邇言必察之至意」。

六月十九日(八月六日)諭：「英美日本各埠僑寓華民衆多，群居錯處，不乏可造之才，亟應設立學堂，兼肄中西文字，以廣教育。着出使大臣等體查情形，妥爲勸辦；議定章程，詳晰覆奏」。

六月二十二日(八月九日)諭：「目今時局艱難，欲求自强之策，不得不舍舊圖新。前因中外臣工，半多墨守舊章，曾經剴切曉諭，勗以講求時務，勿蹈宋明積習。諄諄訓誡，不啻三令五申。惟是朝廷用意之所在，大小臣工恐尚未盡深悉。現在應辦一切要務，造端宏大，條目煩多，不得不裒集衆長，折衷一是。遇有交議事件，內外諸臣務當周諮博訪，詳細討論。毋緣飾經術，附會古義；毋固執成見，隱便身圖。倘或面從心違，希冀敷衍塞責，致令朝廷實事求是之意，衍其本旨，其非朕所深望於諸臣也。總之，中國現在病在痿痺，積弊太深，諸臣所宜力戒。即如陳寶箴自簡任湖南巡撫以來，銳意整頓，即不免指摘紛乘。此等悠悠之口，屬在搢紳。倘應隨聲附和，則是有意阻撓，不顧大局，必當予以嚴懲，斷難寬貸。至於襄理庶務，需才甚多，上年曾有考試各部院司員之論，著各該堂官認眞考察。果係有用之材，即當據實臚陳，候朕錄用；如或闒茸不職，亦當立予參劾，毋令濫竽。當此時事孔棘，懲後懲前，深維窮變通久之義，創辦一切，實具萬不得已之苦衷。用再明白申諭，爾諸臣其各精白乃心，力除壅蔽，上下以一誠相感，庶國是以定，治理蒸蒸日上，朕實有厚望焉」。

同日諭：「前據孫家鼐奏，遵議上海時務報改爲官報，派康有爲督辦其事。並據廖壽恒面奏嗣後辦理官報事宜，應令康有爲向孫家鼐商辦。當經諭令由總理衙門傳知康有爲遵照。茲據孫家鼐奏陳官報一切辦法。報館之設，義在發明國是，宣達民情，原與古者陳詩觀風之制相同。一切學校農商兵刑財賦，均准臚陳利弊，藉爲韜鐸之助。兼可繙譯各國報章，以備官商士庶開擴見聞。其於內政外交，裨益非淺。所需經費，自應先行籌定，以爲久遠之計。著照官書局之例，由兩江總督按月籌撥銀一千兩，並另撥開辦經費銀六千兩，以資布置。各省官民閱報，仍照商務例價，着各督撫通核全省文武衙門差局書院學堂應閱報單數目，移送官報局，該局即按期照數分送。其報價著照湖北成案籌款辦解。至報館所著論說，總以昌明大義，抉去壅蔽爲要義；不必拘牽忌諱，致多窒礙。泰西律例，專有報律一門，應由康有爲詳細譯出，參以中國情形定爲報律，送交孫家鼐呈覽」。

六月二十三日（八月十日）諭：「中國創建水師，歷有年所。惟是制勝之道，首在得人，欲求堪任將領之才，必以學堂爲根本。應如何增設學額，添製練船，講求駕駛，諳習風濤，以備異日增購戰船，可期統帶得力，着南北洋大臣沿江海各將軍督撫一體實力籌辦妥議具奏。至鐵路礦務爲見今切要之圖，造端伊始，亟應設立學堂切實舉辦之處，着王文韶張蔭桓悉心籌議奏明辦理」。

七月初五日（八月二十一日）諭：「總理各國事務衙門代奏工部主事康有爲陳請興農殖民以富國用一摺。訓農通商，爲富國大端，前經迭諭各省整頓農務工務商務，以冀開闢利源。各處辦理如何，現尙未據奏報。萬寶之原，皆出於地，地利日闢，則物產日阜，即商務亦可擴充，是訓農又爲通商惠工之本。中國向本重農，惟向無專董其事者，非力爲勸導不足以鼓舞振作。著於京師設立農工商總局。派直隸霸昌道端方，直隸候補道徐建寅吳懋鼎等督理。端方着開去霸昌道缺。同徐建寅吳懋鼎均着賞給三品卿銜，一切事件准其隨時具奏。其各省府州縣設立農務學堂，廣開農會，刊農報，購農器，由紳富之有田業者試辦，以爲之率。至工學商局各事，宜亦着一體認眞舉辦，統歸督理農工商總局端方等隨時考查。各直省即由該督撫設立分局，遴派通達時務公正廉明之紳士二三員，總司其事。所有各局開辦日期，及派出辦理之員，並着先行電奏。此事創辦之始必須官民一氣，實力實心，方可漸收成效。端方等及各該督撫等務當體朝廷振作之心，考求新法精益求精，庶幾農業興而生殖日蕃，商業盛而流通益廣，以植富強之基，朕有厚望焉」。

七月十日(八月二十六日)諭：「近來朝廷整頓庶務，如學堂商務鐵路礦務一切新政，迭經諭令各將軍督撫切實籌辦，並將辦理情形先行具奏。該將軍督撫等自應仰體朝廷孜孜求治之意，內外一心，迅速辦理，方爲不負委任。乃各省積習相沿，因循玩愒，雖經嚴旨敦迫，猶復意存觀望。即如劉坤一譚鍾麟身任封圻，於本年五六月間諭令籌辦之事，並無一字覆奏。迨經電旨催問，劉坤一則藉口部文未到，一味塞責。譚鍾麟且並電旨未覆，置若罔聞。該督等皆受恩深重，久膺疆寄之人，泄沓如此，朕復何望。倘再藉詞虛延，定必予以嚴懲。直隸距京咫尺，榮祿於奉旨交辦各件，尤當趕緊辦理，陸續奏陳。其餘各省督撫，亦當振刷精神，一體從速籌辦，毋得遲玩，至于咎戾」。

七月十四日(八月三十日)諭：「國家設官分職，各有專司，京外大小各官舊制相沿，不無冗濫。近日臣工條奏，多以裁汰冗員爲言。雖未必盡可准行，而參酌情形，實亦有亟應改革者。朕維授事命官，不外總核名實。現當開創，百度事務繁多，度支歲入有常，豈能徒供無用之冗費，致礙當務之急需？如詹事府本屬閒曹，無事可辦；其通政司光祿寺鴻臚寺太僕寺大理寺等衙門，事務甚簡，半屬有名無實，均着急行裁撤歸併內閣及禮兵刑部辦理。又外省如直隸甘肅四川等省皆係總督兼管巡撫事，惟湖北廣東雲南三省督撫同城，原未劃一。現在東河在山東境內者，已隸山東巡撫管轄；祇河南河工由河督專辦。今昔情形確有不同，着將督撫同城之湖北廣東雲南三省並東河總督，一併裁撤，均着以總督兼管巡撫事，東河總督應辦事宜，即歸併河南巡撫兼辦。至各省漕運，多由海道；河運已屬無多。應徵漕糧，亦多改折。淮鹽所行省分，亦各分設督銷。其各省不辦運務之糧道，及向無鹽場僅管疏銷之鹽道，亦均着裁撤，歸各藩司巡守道兼理。此外如各省同通佐貳等官，有但兼水利鹽捕，並無地方之責者，本屬閒冗，即着查明裁汰。除應裁之京外各官，本日已降諭旨，暨裁撤之巡撫河督京卿等員，聽候另行錄用外，其餘京外尚有應裁文武各缺，及一切裁減歸併各事，着大學士六部及直省督撫分別詳議趕辦。仍將籌議情形迅速具奏。內外諸臣即行遵照，均實辦理，不准藉口體制攸關，多方阻格。並不得以無可再裁，敷衍了事。至各省設立辦公局所，名目繁多，無非為位置閒員地步，薪水雜支，虛糜不可勝計。迭經諭令裁併，乃竟置若罔聞，或任聽委員劣幕舞文，一奏塞責，殊堪痛恨。着各督撫懍遵前旨，將現有各局所中冗員一併裁撤淨盡。並將候補分發捐納勞績等項人員嚴加甄別裁汰。限一月辦竣覆奏。似此實力剔除，庶幾庫欵充裕，得以宏拓新規。惟不准瞻徇情面，陽奉陰違，致干咎戾。當此國計艱難朝廷宵旰焦勞，孜孜求治，詔書敦勉，勗以至誠。爾在廷諸臣及封疆大吏等，具有天良，共尙仰體朕懷，力矯疲玩積習，一心一德，共濟時艱，庶幾無負委任。若竟各挾私意，非自便身圖，即見好僚屬，推諉因循，空言搪塞，必當予以重懲，決不寬貸」。

七月十九日(九月四日)諭：「吏部奏遵議禮部尙書懷塔布等處分一摺。朕近來屢次降旨，戒諭群臣，令其破除積習，共矢公忠。並以部院司員及士民有上書言事者，均不得稍有阻格。原期明目達聰，不妨芻蕘兼採，並藉此可覘中國人之才識。各部院大臣均宜共體朕心，遵照辦理。乃不料禮部尙書懷塔布等，竟敢首先抗違，藉口於獻可替否，將該部主事王照條陳一再駁斥。經該主事面斥其顯違諭旨，始不得已勉强代奏。似此故意抑格，豈以朕之諭旨爲不足遵耶？若不予以嚴懲，無以儆戒將來，禮部尙書懷塔布許應騤左侍郞堃岫署左侍郞徐會澧右侍郞溥頲署右侍郞曾廣漢均著卽行革職。至該主事王照不畏强禦，勇猛可嘉，著賞給三品頂戴，以四品京堂候補，用昭激勸特諭」。

七月二十日(九月五日)諭：「京師爲首善之區，現在道路泥濘，溝渠河道壅塞不通，亟宜大加修理，以壯觀瞻。着工部會同管理河道大臣步軍統領衙門五城御史暨街道廳，將京城內外河道溝渠，一律挑挖深通；並將各街巷道路修墊坦平，無得遷就敷衍。仍將籌辦情形，及開工日期，從速具奏。其欵項着由戶部籌撥」。

同日諭：「內閣候補侍讀楊銳，刑部候補主事劉光第，內閣候補中書林旭，江蘇候補知府譚嗣同，均着賞加四品卿銜，在軍機章京上行走，參預新政事宜」。

同日諭：「張蔭桓奏請飭實行團練一摺。據稱近來臣工屢有仿西法練民兵之請，若各省實行團練，卽以民團爲民兵，徐定更番替換之法，較之遽練民兵較有把握等語。辦理團練旣稱輔兵力之不足，亦卽爲舉辦民兵根本，實爲目前切要之圖。廣西會匪滋事，亟應迅速辦理，以收捍禦之功。着各省督撫按照張蔭桓所奏一律切實籌辦。各直省限三月內，廣東廣西限一月內，各將籌辦情形先行具奏，以副朕保衞閭閻至意」。

七月二十三日(九月八日)諭：「現在裁撤各衙門業經分別歸併，所有各衙門裁缺各官，未便聽其閒散。現當振興庶務，詳畫久遠，應於鐵路礦務總局酌設大小官數缺，以備將來量能任使。着總理各國事務，王大臣會同吏部妥速詳議具奏」。

同日諭：「孫家鼐奏請設醫學堂等語。醫學一門，關繫至重，亟應另設醫學堂，考求中西醫理，歸大學堂兼轄，以期醫學精進。即着孫家鼐詳擬辦法具奏」。

七月二十七日(九月十二日)諭：「前因振興庶務，首在革除壅蔽，當經諭令各衙門代遞事件毋得拘牽忌諱。嗣因禮部阻格司員王照條陳，當將懷塔布等予以重懲。復先後諭令都察院及各衙門，隨到隨遞，不必拘定値日之期。誠以百度維新，必須明目達聰，始可收敷奏以言之效。第恐大小臣工狃於積習，不能實力奉行，用再明白宣諭，以後各衙門有條陳事件，於次日即當呈進；承辦員司稍有抑格，該部院堂官立即嚴參懲辦，不得略予優容。所有六月十五日，七月十六日諭旨，七月十九日硃諭，七月十七日及二十四日諭旨，均令各衙門鈔寫一道，同此件諭旨一併懸掛大堂，俾得寓目警心，不至復萌故態，以示朕力除壅蔽之至意」。

七月二十九日(九月十四日)諭：「軍機大臣等議覆袁昶條陳，請籌八旗生計等語。旗丁生齒日繁，徒以格於定例，不得在外省經商貿易，遂致生計日艱。從前富俊松筠沈桂芬等均曾籌議及之。現當百度維新，自宜弛寬其禁，俾得各習四民之業，以資其生。著戶部詳査嘉慶道光年間從戶開屯計口授田成例，切實訂立新章，會同八旗都統迅速奏明辦理」。

八月初一日(九月十六日)諭：「現在練兵緊要，直隸按察使袁世凱辦事勤奮，校練認眞，著開缺以侍郎候補，責成專辦練兵事務。所有應辦事宜，著隨時具奏。當此時局艱難，修明武備實爲第一要務，袁世凱當勉益加勉，切實講求訓練，俾成勁旅，用副朝廷整飭戎行之至意」。

八月初二日（九月十七日）諭：「工部主事康有爲，前命其督辦官報局，此時聞尙未出京，實堪詫異。朕深念時艱，思得通達時務之人與商治法，康有爲素日講求，是以召見一次，令其督辦官報，誠以報館爲開民智之本，職任不爲不重，現籌有的欵，着康有爲迅速前往上海，毋得遷延觀望」。

以上所錄諸諭，大而朝廷要政，小而京師道路溝渠，皆屬改革目標。惟應興應革之事太多，而能執行新政之人太少，加以求治之心太急，而反對者大有人在，尤以京內外玩固守舊大臣爲變化之大阻力。當時變法，無非欲圖自强，並無摧毀中國一切典章文物之意。然反對者輒以此事誣之，姑擧御史文悌奏疏之語以例之。「惟中國此日講求西法，所貴使中國之人明西法爲中國用，以强中國，非欲將中國一切典章文物廢棄摧燒，全變西法，使中國之人默化潛移盡爲西洋之人然後爲强也。故其事必須修明孔孟程朱四書五經小學性理諸書，植五根柢，使人熟知孝弟忠信禮義廉恥綱常倫紀名敎氣節以明體，然後再習學外國文字言語藝術以致用，則中國有一通西學之人，得一人之益也。若全不講爲學爲政本末，如近來時務知新等報所論尊俠力，伸民權，興黨會，改制度，甚則欲去跪拜之禮儀，廢滿漢之文字，平君臣之尊卑，改男女之外內，直似只須中國一變而爲外洋政敎風俗，卽可立致富强。而不知其勢小則群起鬭爭，召亂無已，大則各便私利，賣國何難」。

此雖文悌一人之意見，要可代表當時反對變法者之心理。此陰曆五月間事也。陰曆七月，禮部主事王照上封事，尚書許應騤等格不奏。德宗震怒，盡褫尚書侍郎六人職，朝臣皆不自安。德宗手詔密諭楊銳云：「近日朕仰觀聖母意旨，不欲退此老耄昏庸大臣，而進英勇通達之人，亦不欲將法盡變。朕豈不知中國積弱不振，非力行新政不可。然此時不惟朕權力所不及，若行之，朕位且不能保。爾與劉光第譚嗣同林旭等詳悉籌議，必如何而後能進用英達，使新政及時舉行；又不致少拂聖意。卽具奏候朕審擇，不勝焦慮之至」。觀此諭可見德宗處境之危，則變法諸臣地位更較危險可知。然諸人亦明知其危，不惜以生命殉之。康有爲弟廣仁致某書云：「伯兄規模太廣，志氣太銳，包攬太多，同志太孤，舉行太大。當此排者，忌者，擠者，謗者，盈衢塞巷，而上又無權安能有成？弟竊私深憂之，故常謂但竭力廢八股，俾民智能開，則危崖上轉石，不患不能至地。今已如願，八股已廢，力勸伯兄宜速拂衣，雖多陳無益，且恐禍變生也。伯兄非不知之，惟常熟(翁同龢)告以上眷至篤，萬不可行。伯兄遂以感激知遇，不思言去，但大變法：一面爲新國之基一面令人民念聖主以爲後圖。弟旦夕力言新舊水火，大權在后，決無成功，何必冒禍？伯兄亦非不深知，以爲死生有命，非所能避，因舉華德里落磚爲證。弟無如何，乃與卓如(梁啓超)謀，令李苾老(李端芬)奏薦伯兄出使日本，以解此禍，乃皇上別放公度(黃遵憲)而留伯兄，眞無如何也。

伯兄思高而性執，拘文牽義，不能破絕藩籬，至於今實無他法。不獨伯兄身任其難，不能行，卽弟向自謂大刀濶斧蕩夷藪澤者，今亦明知其危，不忍捨去。乃知古人所謂鞠躬盡瘁死而後已，因有無可如何者。兄在遠不知情事，易於發論，倘在此豈能遠遁？若能遁，則非人情，又何以爲人固知爲志士仁人之不易也」。

德宗旣無實權，變法諸臣於是密保袁世凱引以爲助。時歸北洋大臣直隸總督榮祿節制者，聶士成之毅軍，董福祥之甘軍，而世凱一軍爲新練軍。前錄諸諭，九月十六日命世凱專辦練兵事務，十七日促康有爲速往上海，可見形勢業已危迫。世傳十八夜譚嗣同密見世凱稱榮祿謀廢立，因出殊諭，命立赴津，誅榮祿而代爲直督。世凱僞應之，赴津，縱榮祿回京，以其事訴於太后。太后震怒，自頤和園還宮，囚帝於瀛台，九月二十一日矯詔稱帝再三籲懇訓政，由是太后第三次垂簾聽政，舊黨勝而新黨敗矣。同日諭捕康有爲並其弟廣仁。有爲已於前一日出京，得免。二十四日步軍統領衙門奉旨拿張蔭桓徐致靖楊深秀楊銳林旭劉光第譚嗣同，明日解送刑部。二十八日楊深秀楊銳林旭劉光第譚嗣同康廣仁被殺，卽世稱之六君子也。其他諸人參加變法者黜謫有差。幾盡反德宗所爲：恢復詹事府等衙門，與湖北廣東雲南三省巡撫；裁撤農工商總局與時務官報；小學堂設立與否，聽民自便；祠廟毋庸改爲學堂。改試仍用八股；武科復用箭刀弓石當時且稱德宗病重，陰謀廢立。各國駐京使臣常問帝病狀，總署以藥方示之；使團不信，派法國使館醫師入宮視疾，始知帝尚未死。廢立之謀，因之一挫。然謀尚未止，光緒二十五年臘月十五日（一九〇〇年一月十五日）召集王公大臣會議，諭立皇子。頒布上諭曰：「朕沖齡入承大統仰承皇太后垂簾訓政，殷勤教誨，鉅細無遺。迨親政後，正際時艱，亟思振奮圖治，敬報慈恩，卽以仰副穆宗毅皇帝付託之重。乃自上年以來，氣體違和，庶政殷繁，時虞叢脞。惟念宗社至重前已籲懇皇太后訓政。一年有餘，朕躬總未康復，郊壇宗廟諸大祀不克親行。值茲時事艱難，仰見深宮宵旰憂勞，不遑暇逸，撫躬循省，寢食難安。敬溯祖宗締造之艱難，深恐勿克負荷。且入繼之初，曾奉皇太后懿旨，俟朕生有皇子，卽承繼穆宗毅皇帝爲嗣，統系所關，至爲重大，憂思及此，無地自容。諸病何能望愈，用再叩懇聖慈，就近於宗室中愼簡賢良，爲穆宗毅皇帝立嗣，以爲將來大統之畀。再四懇求，始蒙俯充，以多羅端郡王載漪之子溥儁繼承穆宗毅皇帝爲子。欽承懿旨，欣幸莫名，謹敬仰遵慈訓，封載漪之子溥儁爲皇子。將此通諭知之」。又諭：「明年正月初一日大高殿奉先殿着大阿哥溥儁恭代行禮」。載漪，宣宗第五子，奕誴之次子，雖承繼爲惇郡王綿愷（仁宗第三子）後，然在血統方面仍爲近支也。自是以後德宗困處瀛台，名未廢而實已廢，太后與無知王公玩固大臣等遂爲所欲爲，而拳匪之亂成矣。

第二章　拳匪之亂

拳匪之亂與戊戌變法皆爲外患侵陵之結果，惟戊戌變法乃欲以西法圖自強，當然爲守舊者所不容，於是變法諸臣或死或走，而舊黨遂擁戴太后訓政。太后固亦仇視外人者，英法聯軍之役，文宗出奔，肺疾增劇，因而棄天下，卽此一事，已爲太后所不能忘。此次訓政後，當然不用西法。顧當時中國之文治與武功，皆不足以圖自強，婦女無識，難免迷信邪術，由是義和拳應時而起。

義和拳本爲白蓮教支流，其黨有祖師，召收徒弟，練習拳棍，其徒手常持刀，故亦稱大刀會焉。起先橫行於山東曹州等地，巡撫李秉衡毓賢輩頗縱容袒護之。其徒稱言神靈下附其身，咒語能禦槍砲，更以扶清滅洋爲號召。凡民有受不良教民之欺凌者入其會中，卽可以爲護符。愚民信之者日衆，而朝臣疆吏之畏恨外人者，竟視拳匪爲義民。時方興團練，乃名之曰義和團。光緒二十五年（一八九九年），山東教案迭起，駐京各國公使要求免巡撫毓賢職；十二月六日上諭召毓賢入京，命袁世凱代之。同月十二日上諭：「近來各省盜風日熾，教案疊出，言者多指爲會匪，請嚴拏懲辦等因。惟會亦有別，彼不逞之徒，結黨聯盟，恃衆滋事，固屬法所難宥，若安分良民或習技藝，以自衞身家，或聯村衆，以互保閭里，是乃守望相助之事。地方官遇事，若不加分別，誤聽謠言，概目爲匪，株連濫殺，以致良莠不分，民心惶惑，是眞添薪止沸，爲淵驅魚，非民氣之不靖，實辦理之不善也。……地方官辦理此等案件，祇問其爲匪與否，肇釁與否，不論其會不會教不敎也」。此論隱有庇護之意，蓋信團練鄉兵足以防禦外人。同月十七日英美法德意五國公使各致照會於總署，請頒布上諭明禁擾亂直隸山東兩省之義和團大刀會，蓋當時山東之拳匪業已散入直隸各屬矣。同日頒布上諭，僅不許鄉團與教民爲難。各國公使復又照會總署，並於三月二日群赴總署作口頭要求。九日總署照覆拒絕所請，尤以禁止會團上諭登載京報一事，礙難照辦。於是同日各國公使電達本國政府請派海軍在華北沿岸示威。二十五日英政府派戰艦兩艘至大沽，美國亦派一艘加入。五月十六日法國駐京公使畢盛（Pichon）會電達法國遠東艦隊司令，速派足以運載一連登陸步隊之船舶赴北戴河。先是一八九九年五月法國旅行家 Bonin 旅行河套時，曾聞準噶爾旗蒙王語彼云「明年天主教盡滅」。此與一九〇〇年六月徐桐語簡放甘肅主考吳偉炳「明年襄命京中洋人無噍類」之說相類，可見當時謠言流傳之廣，而守舊派憤恨洋人之深。

五月二十日京中各處貼有布告，謂在端午節（六月一日）殺盡洋人。同日公使團開會議請首席公使照會總署，要求懲治亂匪，否則亂勢蔓延，各國艦隊將載兵在山海關或秦皇島登岸。時法國公使主張召衛兵來京，諸國公使多不贊同。二十八日總署照覆，允許頒布上諭，請各國勿派兵来京。二十九日上諭：「邇來近畿一帶，鄉民練習拳勇，良莠混雜，深恐別滋事端，迭經諭令京外各衙門嚴行禁止。近聞多有游勇會匪溷跡其間，借端肆擾，甚至戕殺武員，燒毀電桿鐵路，似此愍不畏法，實與亂民何異。着派出之統兵大員及地方文武迅即嚴拿匪首，解散脅徒。儻敢列仗抗拒，應即相機剿辦，以昭炯戒。現在人心浮動，遇事生風，所有教堂教民，地方官均應切實保護，俾獲安全而弭禍變」。三十一日上諭：「昨因拳匪滋事，業經明降諭旨，分別辦理。此等鄉愚，良莠不齊，其辦法不外乎嚴拿首要，解散脅徒。現在直隸及附近京城一帶，到處人心浮動，若不迅速嚴辦，何以杜邪慝而淨根株。着步軍統領衙門，順天府，五城，直隸總督，嚴飭各該地方官並統帶各員，如拳匪中實係滋擾地方，甘心爲亂者，即當合力捕拿，嚴行懲辦，不得互相推諉。如再因循，定惟崇禮等是問，決不寬貸。其有隨聲附和，並無滋擾實跡者，亦應剴切曉諭，立時解散，毋任再起釁端」。

義和團入直隸後，以天津保定通州爲中心。其徒共分四派，曰坎字拳，曰乾字拳，曰坤字拳，曰震字拳。四派之中，以坎字乾字之勢最大，其異點則衣服之顏色不同，而授拳之方法互異也。坎字拳尚紅，其傳習時，習者焚香叩首，後植立而仆，仆而起，跳躍持械而舞。乾字拳尚黃，其師令徒閉口伏地，少時白沫滿口，則呼曰神降矣，亦起躍持械而舞。當其舞時，體力强於常人，是故愚民信爲神附其體，不畏槍砲。其符咒繁多，文義頗不可解。其徒自稱口誦咒語者，則槍不燃。其信奉之神，多爲民間傳說之英雄，或小說中之神怪。其主持之首領，時稱老師祖大師兄。凡入其黨者，即聽其調度，傳單到時，違者抄家滅門。官吏先不之禁，故其勢益盛。義和團中更有所謂紅燈照者，其人多妙齡女子，身着紅衣，手持紅燈，自言能於空中擲火以焚洋樓。此外尚有黑燈照青燈照者，前者以老婦成之，後者以孀婦爲之，均尚黑色，但其勢力不及紅燈照之盛。其勢浸及畿甸，尚未敢公然入都門。莊王府長史某者與團首某習，言之莊親王載勛，目爲義民，載勛以告剛毅，剛毅據以入奏，請借團民之力，以驅逐洋人，雪累朝積恨，尤應先除滅各國駐京使館。會端王載漪信拳術，亦言於太后，太后爲所惑，拳匪由是橫行都中矣。

五月二十六日，拳匪焚毀保定車站，二十八日豐台車站亦被焚燒。使團見勢危急，通知總署，言即召衛隊來京保護使館。翌日四國公使赴總署聲明將不待總署之許可，立調衛隊來京，總署不得已許之。三十一日自津運載英美意日法俄六國衛隊，凡軍官二十二人，士卒三百三十四人來京其後德奧荷三國衛隊亦陸續抵京。六月五日黃村車站被焚；六日京津交通尚未中斷，然七日廊房車站被焚，京津交通遂斷。九日王公大臣會議，榮祿建議調李鴻章督直，剛毅則保薦李秉衡，雙方相持未決。翌日太后還自頤和園；欲在是夜盡殺洋人。都中外人聞訊多避難於英國使館。京津電線亦斷。同日命端郡王載漪管理各國事務衙門。

英國海軍將領西摩(E, Seymour)得英使告急電信，亦於六月十日在塘沽登岸，率英兵九百，德兵二百俄兵二百，法兵一百（後增六十五人），美兵一百二十，日兵二百，意兵一百，奧兵二十五人，進至廊坊安定。以兵力太薄，不敢入京，乃退還，於二十六日抵津。沿途死傷者二百八十人。

都中拳匪之勢日熾，先是焚毀而已，至是仇殺搶劫，無所不爲。六月十一日日本使館書記官杉山彬在永定門外被甘軍戕殺。十三夜拳匪大殺二毛子，蓋其稱外人曰太毛子，服役於外人者與教民曰二毛子，甚至賣用洋貨。藏有洋書之人，均在二毛子之列。是夜英美傳教會稅務處舊衙門陸續被焚。天主教之東堂亦毀，神父被害。十四夜天主教之南堂亦毀於火，然其中神父修女於事前被使館衛隊救出。翌晨西堂焚毀神父被害。二十日燒前門，前門外大街以西菁華所聚，全成焦土。

六月十六日午後，太后召王大臣六部九卿見於儀鸞殿，詢問外兵入京，將何以處之之策。大臣百餘人跪於殿中，其後至者，跪在檻外，奏對不一，或言宜剿拳匪，或言宜撫，或言阻止外兵入京，或言調兵保護。太后乃諭總署大臣許景澄那桐勸阻外兵入京，安撫拳民。會議時，德宗詰責諸臣不能彈壓亂民，而太后意右拳民。太常寺卿袁昶詳論拳匪當剿，但誅數人，大事卽定。侍讀學士朱祖謀亦力言之，且述董福祥之不可恃。太后大怒。會議之時載漪亦在殿中，厲聲袒護拳民。太后之召見朝臣者，專籌阻止外兵入城也。太后受載漪載瀾等之說。載瀾之妻常入宮中，告其家中拳民之神蹟，而太后信之也。十七日午後，太后急詔大臣會議。其時大沽砲台已失，軍事報告則驛遞遲延，尙未到京，而載漪竟假造照會，怒激太后宣戰。斯日午後會議於儀鸞殿，大臣跪於殿中，太后面含怒色，宣讀公使要求。據景善日記，其內容則要求太后讓位，德宗親政，及廢大阿哥。據惲毓鼎記載太后宣諭要求四條，一，指明一地令中國皇帝居住，一，代收各省錢糧，一，代掌天下兵權，其最後一條則未宣佈，乃勒令太后歸政而諱之也。且曰：「今日釁開自彼，國亡在目前，若竟拱手讓之，我死無面目見列聖，等亡也，一戰等亡，不猶愈乎」？頃又曰：「諸大臣均聞之矣，我爲江山社稷不得已而宣戰，顧事未可知，有如戰之後，江山社稷仍不保，諸公今日皆在此，當知我苦心，勿歸咎予一人，謂皇太后送祖宗三百年天下」。載漪等力持戰說，諸臣不敢復持異議。太后命徐用儀等前往使館，說其下旗歸國，群臣遂退。太后之怒雖不可遏，而其主持宣戰，尙未決定也。十八日朝旨再傳入見，仍議和戰。十九日裕祿奏疏業已到京，主戰派之氣燄益張，午後三點鐘，太后再召大臣於儀鸞殿，決定宣戰，命許景澄等通知公使，限於二十四小時內出京，允許派兵護送。德宗不願啓釁，搴景澄手曰：「更妥商量」，太后斥之，侍郎聯元亦諫阻，顧不能回太后意。諸臣退後，傳旨明日清晨八九點鐘入見。據景澄日記，二十日上午天猶未明，太后召見軍機大臣世鐸，榮祿，剛毅，王文韶，啓秀，趙舒翹，德宗則未臨朝。榮祿奏說派兵保護公使出京，太后許之，榮祿叩首而退。啓秀上其所草戰書，太后讀而嘉之，更問大臣之意，均無異言。朝退，太后召見王大臣部九卿，德宗時在殿上，慈禧宣諭對外用兵不得已之苦衷，辭畢，轉問德宗。德宗逡巡少許，乃言不可攻擊使館，詔書遂下。

六月十九日午後五時，各國公使接到總署照會，稱各國兵艦已在大沽力索砲台，業已開戰，居京外人限於二十四小時內離京。除德使克林德 (von ketteler) 不願離京外，其他各國公使皆願出京，惟須寬限時間，並須籌運載方法。二十日總署無覆文，德使克林德獨欲赴總署交涉，遂於早九時帶譯員一人乘肩輿往。行至東單牌樓，適京兵以會操歸，德使猝遇之，以爲拳匪也，於轎內發手槍。京兵還擊，德使洞腦死，譯員受重傷得脫走。午後四時限期已滿，拳匪遂向各國使館開火，外人咸避難於英國使館。西什庫之北堂人數太多，留而不去。二十三日上諭宣戰，略稱：「平日交鄰之道，我初未嘗失禮於彼，彼自稱，教化之國，乃無禮橫行，專恃兵堅器利，自取決裂如此乎？朕臨御將三十年，待百姓如子孫，百姓亦戴朕如天地。況慈聖中興，宇宙恩惠所被，浹髓淪肌，祖宗憑依，神祇感格，人人忠憤，曠代所無。朕今涕泣以告先廟，慷慨以誓師徒，與其苟且圖存，貽羞萬古，何若大張撻伐，一決雌雄。連日召見大小臣工，詢謀僉同。近畿及山東等省義兵，同日不期而集者，不下數十萬人，至於五尺童子，亦能執干戈以衞社稷。彼尙詐謀，我恃天理，彼憑悍力，我恃人心。無論我國忠信甲冑，禮義干櫓，人人敢死，卽土地廣有二十餘省，人民多至四百餘兆，何難翦彼兇燄，張國之威？其有同仇敵愾，陷陣衝鋒，抑或仗義捐貲，助益餉項，朝廷不惜破格懋賞，獎勵忠勳；苟其自外生成，臨陣退縮，甘心從逆，竟作漢奸，朕卽刻嚴誅，決無寬貸。爾普天臣庶，其各懷忠義之心，共洩神人之憤」。

六月二十六日又諭沿海沿江各督撫：「昨已將團民仇教，剿撫兩難，及戰釁由各國先開各情節，諭知李鴻章李秉衡劉坤一張之洞等矣。惟爾各督撫度勢量力，不欲輕開外釁，誠老成謀國之道。無如此次義和團民之起，數月之間，京城蔓延已徧。其衆不下十數萬，自兵民以至王公府第，處處皆是，同聲與洋教爲仇，勢不兩立。剿之則卽刻禍起肘腋，生靈塗炭；只可因而用之，徐圖挽救。奏稱信其邪術以保國，似不諒朝廷萬不得已之苦衷矣。爾各督撫若知內變如此之急，必有寢食難安奔向不遑者，安肯作此一面語耶。爾各督撫勿再遲疑觀望，迅速籌兵籌餉，力保疆土。如有疎失，惟各該督撫是問。將此電諭各督撫將軍知之」。此電未到時，江鄂二督業已電令上海道余聯沅與各國駐滬領事議訂東南保護約款九條，即於二十六日畫押，其文曰：「一，上海道台余現奉南洋大臣劉兩湖督憲張電示，與各國駐滬領事官會商辦法，上海租界歸各國公同保護，長江及蘇杭內地均歸各督撫保護，兩不相擾，以保全中外商民人命產業爲主。二，上海租界公同保護章程已另立條款。三，長江及蘇杭內地各國商民教士產業，均歸南洋大臣劉兩湖督憲張允認切實保護，並移知各省督撫，及嚴飭各該文武官員，一體認眞保護，現已出示禁止謠言，嚴拏匪徒，四，長江內地中國兵力，已足使地方安靜，各口岸已有各國兵輪者，仍照常停泊，惟須約束水手人等不可登岸。五，各國以後如不待中國督撫商允，竟至多派兵輪駛入長江等處，以致百姓懷疑，藉端啓衅，燬壞洋商教士人命產業，事後中國不認賠償。六，吳淞及長江各砲台，各國兵輪切不可近台停泊，及緊對砲台之處，兵輪水手亦不可在砲台附近地方操練，彼此免致誤犯。七，上海製造局火葯局一帶，各國允兵輪勿往遊弋駐泊，及派洋兵巡捕前往，以期各不相擾。此局軍火專爲防剿長江內地土匪，保護中外商民之用，設有督撫提用，各國毋庸驚疑。八，內地如有各國洋教士及遊歷各洋人，遇偏僻未經設防地方，切勿冒險前往。九，凡租界內一切設法防護之事，均須安靜辦理，切勿張皇，以搖人心」。

六月二十九日電諭出使各國大臣等：「此次中外開釁，其間事機紛湊，處處不順，均非意計所及。該大臣等遠隔重洋，無由深悉情形，即不能向各外部切實聲明，達知中國本意。特爲該大臣等縷晰言之。先是直東兩省有一種亂民，各就村落練習拳棒，雜以神怪。地方官失於覺察，遂致相煽成風，旬月之間幾於遍地皆是。甚至沿及京城，亦皆視若神奇，翕然附和。遂有桀黠之徒，倡爲仇教之說，五月中旬，猝然發難，焚毁教堂，戕殺教民，闔城洶洶，勢不可遏。當風聲初起之時，各國請調洋兵到京，保護使館，朝廷以時勢頗迫，慨然破格許之。各國通計到京洋兵不下五百人。此中國愼重邦交之明證也。各國在京使館，平日與地方官尙屬無怨無德，而自洋兵入城以後，未能專事護館：或有時上城放鎗，或有時四出巡街，以致屢有放鎗傷人之事；甚或任意遊行，幾欲闌入東華門，被阻始止。於是兵民交憤，異口同聲，匪徒乘隙橫行，燒殺教民，益無忌憚。各國遂添調洋兵，中途爲亂黨所殺，迄未能前。蓋此時直東兩省之亂黨已鎔成一片，不可開交矣。朝廷非不欲將此種亂民下令痛剿，而肘腋之間，操之太促，深恐各國使館保護不及，激成大禍。亦恐直東兩省同時舉事，兩省教士教民使無遺類，所以不能不躊躇審顧者以此。爾時不得已，乃有令各使臣暫避赴津之事。正在彼此商議間，突有德使克林德晨赴總署，途中被亂民傷害之案。德使蓋先日函約赴署，該署因中途擾亂，未克如期候晤者也。自出此案，亂民益挾騎虎之勢並護送使臣赴津之舉亦不便輕率從事矣。惟有飭保護使館之兵，嚴益加嚴，以防倉猝。不料五月二十日（六月十六日）即有大沽海口洋員面見守台提督鍾榮光，索讓砲台之事，謂如不允，便當於明日兩點鐘用力佔據。羅榮光職守所在，豈肯允讓。乃次日果先開砲擊台，相持竟日，遂至不守。自此兵端已啓，本非釁自我開。且中國即不自量，亦何至與各國同時開釁，幷何至恃亂民以與各國開釁，此意當爲各國所深諒。以上委曲情形，及中國萬不得已而作此因應之處，該大臣等各將此旨詳細向各外部切實聲明，達知中國本意。現仍嚴飭帶兵官照前保護使館，惟力是視。此種亂民設法相機自行懲辦。各該大臣在各國遇有交涉事件。仍照常辦理，不得稍涉觀望。將此各電諭知之」。

按本年陰曆十月二十六日（一九〇一年二月十四日）上諭：「夏間所頒諭旨，首禍諸人乘間矯擅，着內閣將五月二十四日（六月二十日）以後七月二十四日（八月十八日）以前諭旨，彙存聽候查明矯擅各旨提出消除」。王彥威西巡大事記稱：「拳事之烈，不惟兵戎機密大事不由樞密制，並不由中制」。可見當時僞詔甚多，故李鴻章覆盛宣懷電已有「二十五日（六月二十一日）矯詔悖斷不奉」之語。例如七月二日上諭命拳匪殺盡洋人，各省督撫驅逐教士捕拿教民；而三日又電命出使俄英日三國大臣呈遞國書請求調解；兩日之間不應反覆若是。是以本章僅擇重要近眞者錄之。

先是大沽口外各國艦隊將領於六月十六日致最後通牒於大沽砲台，限於十七日午前兩點鐘交出砲台，守將羅榮光於十六夜半後開砲攻擊；十七日晨五時半聯軍佔領砲台。同日天津聞訊，直督裕祿遣軍轟擊租界。二十三日大沽聯軍至，圍始解。七月十三日聯軍開始進攻天津城，十四日黎明前南門陷，提督聶士成死之。八月三日聯軍將領會議決定進攻北倉楊村。五日陷北倉，六日陷楊村，裕祿自殺。八日聯軍進據蔡村，九日至河西務，十日至馬頭，十一日至張家灣，十二日進據通州。沿途僅在河西務與李秉衡所部軍隊微有戰鬥外，餘皆長趨直入。李秉衡奏陳潰兵情況云：「臣刻自馬頭退抵張家灣，就連日目擊情形，軍隊數萬，充塞道途，聞敵輒潰，實未一戰，所過村鎭，則焚掠一空，以致臣軍採買無物，人馬飢困。臣自少至老，屢經兵火，實未所見」。聯軍進逼不已，李秉衡不能抵禦，亦自殺。十三日夜半砲兵入東便門；十四日日兵入朝陽門；而首先達於使館者則爲同日午後三小時，從御河水溝擁進之印度兵。

聯軍未入京時，已入混亂狀態。先是從六月十三日起，僅放火而已，至二十二日始，則刧掠燒殺無所不爲。西巡大事記識有云：「二十六日（六月二十二日）九時，各街巷聞鎗聲忽作，叫囂哭喊之聲無異雷震，是爲兵匪刧掠之始。是日各京官住宅及殷實富戶，無不被掠一空。其先至者蜂擁入室，以刀破箱，出衣物於庭中，揀佳者取以去；甫去，而他匪又至，則取者其次者；

約數起，而衣物告罄矣。其銀票等物，亦必搜攫淨盡。其或閉門不納者；匪即踰垣而入，放鎗以恐嚇之，然後飽掠以去；設與爭論，即被擊斃。如所掠尚不滿意，即火其居。一時滿街塞巷，無非搶物之匪徒。而兒啼女哭之聲，尤使人聞而心碎。街市間屍骸橫臥，亦難數計。顧各處雖多被搶，尚不及住居附近東交民巷一帶之甚，蓋與使館爲隣，故受禍尤慘也」。文識殺戮忠良事云：「拳匪倡亂之始，以扶清滅洋爲名。敎民被其禍者固多，其素所不快者即目之曰二毛子，斬薪無遺，並及老少，喋血禁城，莫敢顧問。而目總署諸大臣爲漢奸，欲殺之以立威。其中有二三人爲端莊二王所不快者，團民從而構之，於是徐尚書用儀，立尚書山，許侍郎景澄，袁太常昶，聯閣學元，皆先後矯旨正法。慶親王奕劻因管理譯署，於近支王公中年輩最高，且握重權，二王憚其勢，不敢劾。其幸免於難者，王協揆一人而已。許侍郎奉使俄國，爲張蔭桓所厄，十載始還朝，其於外國情形尤所熟悉。袁太常留心時務。徐尚書爲譯署老輩，嫻習政事。三人者，同心協志，每議交涉時務，賴其力者居多。三人爲譯署眉目，而亦以此爲團黨所深惡。袁許之被逮，爲六月初三日(六月二十九，按六月初二應是七月初三之誤，則爲西曆七月二十八矣)。端王面奏，誣以離間，請誅之。發硃諭，復請匙上添詔旨，坐以大不敬。臨刑之日，朝旨派景侍郎澧徐侍郎承煜監視。景憤恨無人色，徐則揚揚甚自得。僉謂袁許之獄，徐構成之，非臆說也。徐尚書聞兩公之死，終日憤懣，極口呼寃，卒亦不免於禍。立尚書所居第，在西什庫之北，團民攻西什庫，久之不克，乃誣尚書與教首樊國樑通，接濟糧食藥彈，以通敵被殺。聯閣學則以會議時極口稱義和團不可信，使臣不可殺；且云：按公法，凡殺駐京使臣，敵國必以兵報復；若戰而勝，當屠城，此事萬不可行。因以被誅」。(八月十日)。

當時尚無使館區域，外人避難之處，僅限於英使館與肅王府一帶，而拳匪甘軍合攻之而不能下者，蓋以榮祿調護之力爲多。董福祥曾請借武衛中軍大砲，榮祿拒之，否則危矣。疆臣劉坤一等電有云：「上有擅權之王公，下有跋扈之將領，同儕排擠，幾蹈危機。榮相孤掌難鳴，苦心調護，始終以保使爲要」。然疆臣迭電奏請，亦與有力焉。德使被戕以後，疆臣電請四事：一、諭飭各省將軍督撫保護外商教士；一、降諭惋惜德公使被戕，致國書於德皇，並致國書於英法，以示敦睦；一、飭查被害之外人及財產損失，以便撫卹；一、勦辦拳匪亂兵；另電奕劻榮祿王文韶請其婉爲奏陳。奏上，榮祿又言使團要求之照會，乃載漪命人假造者也，太后之意轉變。十四日天津陷，十六日慶親王照會各國公使請其出館。十七日上諭：「此次中外肇釁，起於民教之相鬨，嗣因大沽砲台被佔，以致激成兵端。朝廷誼重邦交，仍不肯輕於決絕，迭經明降諭旨，保護使館，並諭各直省保護教士。現在兵事未弭，各國商民在中國者甚多，均應一律保護，着該將軍督撫查明各國洋商教士在通商各埠及各府州縣者，按照條約一體認眞保護，不得稍有疏虞。上月日本書記官（書記官乃書記生之誤）杉山彬被戕正深駭異，乃未幾復有德國公使被害之事，該公使駐京辦理交涉，遽遭傷害，婉惜尤深，應定嚴飭勒拿兇手，務護究辦。所有此次天津開戰後，除因戰事外，其因亂無故被害之洋人教士等，及損失物產，着順天府直隸總督飭屬分別查明，聽候彙案核辦。至近日各處土匪亂民焚殺刼掠，擾害良民，尤屬不成事體，着該督撫及各統兵大員查明實在情形，相機勦辦，以靖亂源。將此通諭知之」。自是日起，停止攻擊使館。十八日使館中人始護聞外間消息。二十七日總署送西瓜麵粉水塊十五車於使館。

戰既不勝，自然捨而言和。當時朝廷屬望之人，當然爲粵督李鴻章。先在六月十八日始，迭次電召其來京；七月八日調爲直隸總督兼北洋大臣；八月十日又授爲全權大臣，與各國商議停戰議和事宜。鴻章抵滬後，未敢北上。同月十四日聯軍入京，使館圍解。翌日兩宮離京。當時被圍者尙有西什庫之北堂，守護者僅少數法意兩國兵，十六日日法兩國救兵至，圍亦解。西巡大事記云：「義和團之攻西什庫也，火光震西苑。太后遣英年往諭之，令勿震驚宮寢，團民不聽，攻如故。翌日，遣剛毅往督隊力攻之，敎民卽發排鎗，蜂擁而出，拳民羣擠相倒地，互相踐踏。敎民排鎗一發，卽後退如潮湧，剛在後爲衝倒，以是緩攻。事定後，載澧、英國樸偶與合肥談曰：吾教堂本不購軍火，僅存洋鎗四十枝，彈子五百顆而已。拳匪猝變來猛攻，吾等但死守，不散輕於開鎗接應，防藥彈罄也；事急乃發十餘鎗以抵緩急。幸聯軍入城，禍乃得解。再遲二月，子彈俱罄，吾輩死無葬身之地矣。又言曰：登西什庫之最高處，遙望西苑，一覽無餘。一日拳匪攻庫急，吾以千里鏡照之，見太后携一宮監，在苑中高處瞭望。吾僕中有精於準頭者，請發鎗猝擊，吾力止之。曰：此番之事，各國咸知非中朝意，終須議和；若出此策，則寃債太深，他日難於收束矣。寧彼不仁，我不可不義，僕乃止。此事無人見證，然天日在上，我無謊言。蓋我在中國有年，所以爲報也」。

聯軍入城後以日軍紀律最佳，美軍次之，俄德法印等軍橫暴，姦擄燒殺無所不爲。入城以後，各軍統將會議劃地分防。分防以後尚有若干防地仍在紛擾之中；九月上旬秩序逐漸恢復。九月十一日英國統將在會議席上謂各國防地皆有華人不少，惟獨俄國防地僅狗尚存。美軍十月二十日報告云，美軍防地一月以來，華人爭至，營業如常。德軍防地相隔一街，幾無居民；德兵在防地內，無物不取。京中受禍如此，京外用兵之地莫不皆然。周馥奉旨入京，紀其見聞曰：「自山海關至京師，沿途民人稀少，洋兵處處設卡。京中各街閉戶，瓦礫荆棘，觸目傷心。間有騾車過路，皆插外國旗，以爲保護。各國只認全權住處爲中國境，餘地皆爲外國轄境」。德軍統將遣兵四出，專謀報復，凡直隸爲殺教士圍攻教民之地，多以兵往，捕殺官紳亂民，火焚佛寺官署，搶掠財貨，奸淫婦女。人民恐懼之甚，可於拳禍記所記宣化人防禍事見之：「有送米糧者，有送銀錢者，有欲奉教者。一寸許之十字像，可賣紋銀十兩，教外人佩於胸上，以爲護符。但教友無有賣者，匪徒自教友家搶去之。早晚課本可售銀百兩，教友知之，向外人索回」。德軍之入保定，將護理總督廷雍等殺害，並索銀十萬犒師，其專橫可見。

先是拳禍之起也，列強同意者三點：一、救護居住北京與中國境內之各國代表及人民；二、中國土地維持舊狀；三、確實保障其禍不再發生。八月初間，德皇欲命大將瓦德西（von Waldersee）爲聯軍統帥，曾以此事詢求各國政府同意。俄皇以德使被戕，受害最重，而瓦德西軍職既高，可以指派。九十兩日，意英亦同意設置統帥，卽以瓦德西任之。及其抵京也，軍事已了，實無統率之可言，僅高踞儀鸞殿遣軍四出騷擾而已。

八月十四日聯軍入京，十五日兩宮西幸，十九日諭軍機大臣等：「七月二十一日（八月十五日）洋兵猛攻入城，闖撲宮禁，勢甚危險，朕不得已恭奉慈禧端佑康頤昭豫莊誠壽恭欽獻崇熙皇太后慈駕暫行西幸。此次釁起民教互鬬，朝廷辦理爲難情形，已歷次備國書詳告各國。彼方以代除亂民爲辭，於國家並無他意，而似此舉動，殊屬不顧邦交，未符原議。且中國於駐京各使臣始終委曲成全，未嘗失禮，尤不應如此相待。昨已派榮祿徐桐崇綺留京辦事，然當各國氣勢方張之際，恐在京未能遽與開議。該大臣公忠素着，平日威望亦爲外人所信服，國事如此，不知該大臣正復如何憤激。著卽迅籌辦法，或電各國外部，或商上海各總領事，從中轉圜，務期竭盡心力，爲國家捍此大患，朕不勝翹盼之至」。

李鴻章在八月十日被命爲全權大臣，遲遲其行，十月始抵京。與各國公使會商和議，實開始於十月二十六日。中間歷經波折，至一九〇一年九月七日始將和約劃押。和議前後，始終表善意於中國者，厥爲日本。當使館被圍之際，日本外務省多所忠告，及後出兵，則稱專爲救護使臣。李鴻章謀阻外兵入京，日本亦願討論。聯軍逼近北京，日本通知東南督撫，聲明日軍將盡力保護太后皇帝。聯軍入京後，日本先以兵守宮禁。和議時日本外務省建議寧償費勿割地。瓦德西遣兵往攻保定，日本先期通知，並述應付之策。德兵進至滄州，亦先電告中國。聞中俄新約將成，亦方勸阻。蓋中日兩國隣接，種族文化相同，俄勢若南進，恐脣亡而齒寒不幸先有李鴻章之聯俄政策，後又發生種種誤會，致未能全其始終，惜哉。辛丑和約中國代表爲奕劻李鴻章，外國方面有英美日德奧比西俄法意荷十一國公使；條有凡十二欵。奕劻李鴻章奏報畫押以前種種困難情形云：「臣等上年奉命議和，始而各使竟將開議照會駁回，幾莫測其用意之所在。嗣於十一月初一日（十二月二十二日）始據送到和議總綱十二欵，不容改易一字。臣李雖經辦送說帖，於各欵應商之處，詳細開說，而各使置若罔聞；且時以派兵西行，多方恫嚇。臣等相機因應，筆秃唇焦，卒以時局艱難，鮮能補救，撫衷循省，負疚良深。所有一切辦理情形，均隨時電陳摺奏。及至商定總結條欵，各使猶必須俟懲處各省教案牽涉人員奉旨，始肯畫押。今雖將京城內外撤兵日期塡註約內，各國在天津所設暫理地方之都統衙門，仍復不肯遽撤。各使有俟奉天牛莊交還時，一體交還之說。容少遲再行設法，另案磋商，以期早日收回，免多窒礙」。條約十二欵，中有數欵畫押前業已實行玆爲條列於下：

一、大德國欽差男爵克大臣被害一事，前於西曆本年六月初九日，即中國四月二十三日，奉諭旨，欽派醇親王載澧爲頭等專使大臣，赴大德國大皇帝前，代表大清國大皇帝暨國家惋惜之意。醇親王已遵旨於西曆本年七月十二日，即中曆五月二十七日，自北京起程。大清國國家業已聲明，在遇害處所竪立銘誌之碑，與克大臣品位相配，列叙大清國大皇帝惋惜兇事之旨；書以辣丁德漢各文。前於西曆本年七月二十二日，即中曆六月初七日，經大清國欽差全權大臣，文致大德國欽差全權大臣，現於遇害處所建立牌坊一座，足滿街衢，已於西曆本年六月二十五日，即中曆五月初十日興工。

二、懲辦傷害諸國國家及人民之首禍諸臣，將西曆本年二月十三日，二十一等日，卽中曆上年十二月二十五本年正月初三等日，先後降旨所定罪名，開列於後。端郡王載漪輔國公載瀾均定斬監候罪名，又約定如皇上以爲應加恩貸其死，卽發往新疆永遠監禁，永不減免。莊親王載勛都察院左都御史英年刑部尙書趙舒翹均定爲賜令自盡。山西巡撫毓賢禮部尙書啓秀刑部左侍郎徐承煜均定爲卽行正法。協辦大學士吏部尙書剛毅大學士徐桐前四川總督李秉衡均已身故，追奪原官，卽行革職。又兵部尙書徐用儀戶部尙書立山吏部左侍郎許景澄內閣學士兼禮部侍郎銜聯元太常寺卿袁昶，因上年力駁殊悖諸國義法極惡之罪被害，於西曆本年二月十三日，卽中曆上年十二月二十五日，奉上諭開復原官，以示昭雪。莊親王載勛已於西曆本年二月二十一日，卽中曆正月初三日，英年趙舒翹已於二十四日，卽初六日，均自盡。毓賢已於二十二日，卽初四日，啓秀徐承煜已於二十六日，卽初八日，均正法。又西曆本年二月十三日，卽中曆上年十二月二十五日，上諭將甘肅提督董福祥革職，俟應得罪名定讞懲辦。西曆本年四月二十九，六月初三，八月十九等日，卽中曆三月十一，四月十七，七月初六等日，先後降旨，將上年夏間兇慘案內，所有承認獲咎之各外省官員分別懲辦。西曆本年八月十九日，卽中曆二十七年七月初六日，上諭將諸國人民遇害被虐之城鎭，停止文武各等考試五年。

三、因大日本使館書記生杉山彬被害，大清國大皇帝從優榮之典，已於西曆本年六月十八日，卽中曆五月初三日，降旨簡派戶部侍郎那桐爲專使大臣，赴大日本國大皇帝前，代表大清國大皇帝及國家惋惜之意。

四、大清國國家允定在於諸國被汚瀆及挖掘各墳塋建立滌垢雪侮之碑，已與諸國全權大臣會同商定。其碑由各該國使館督建，並由中國國家付給估算各費銀兩；京師一帶每處一萬兩，外省每處五千兩，此項銀兩業已付清。茲將建碑之墳塋開列清單附後。

五、大清國國家允定不准將軍火暨專爲製造軍火各種器料運入中國境內，已於西曆本年八月二十五日，卽中曆二十七年七月十二日，降旨禁止進口二年。嗣後如諸國以爲有仍應續禁之處，亦可降旨將二年之限續展。

六、按照西曆本年五月二十九日，卽中曆四月十二日上諭，大清國大皇帝允定付諸國償欵海關銀四百五十兆兩。此欵係西曆一千九百年十二月二十二日，卽中曆光緒二十六年十一月初一日，條欵內第二欵所載之各國各會各人及中國人民之賠償總數。（下畧）

七、大清國國家允定各使館境界，以爲專與住用之處；並獨由使館管理，中國民人槪不准在界內居住；亦可自行防守。使館界線於附件之圖上標明如後：東面之線係崇文門大街圖上十，十一，十二等字；北面圖上係五，六，七，八，九，十等字之線；西面圖上係一，二，三，四，五等字之線；南面圖上係十二一等字之線；此線循城牆南址隨城堞而畫。按照西曆一千九百零一年正月十六日，卽中曆上年十一月二十六日，文內同後附之條欵，中國國家允諸國分應自主，常留兵隊分保使館。

八、大清國國家應允將大沽砲台及有礙京師至海通道之各砲台一律削平，現已設法照辦。

九、按照西曆一千九百零一年正月十六日，卽中曆上年十一月二十七日，文內後附之條款，中國國家應允由諸國分應主辦會同酌定數處留兵駐守，以保京師至海通道無斷絕之虞。今諸國駐守之處，係黃村，廊房，楊村，天津，軍糧城，塘沽，唐山，灤州，昌平，秦皇島，山海關。

十、大清國國家允定兩年之久，在各府廳州縣將以後所述之上諭頒行佈告。一、西曆本年二月初一日，卽中曆上年十二月十三日，上諭，以永禁，或設，或入與諸國仇敵之會，違者皆斬。二、西曆本年二月十三，二十一，四月二十九，八月十九等日，卽中曆上年十二月二十五日，本年正月初三，十二月十一，七月初六等日，上諭一道，犯罪之人如何懲辦之處，均一一載明。三、西曆本年八月十九日，卽中曆七月初六日上諭，以諸國人民遇害被虐各城鎭停止文武各等考試。四、西曆本年二月初一日，卽中曆上年十二月十三日上諭，以各省督撫文武大吏暨有司各官，於所屬境內均有保平安之責，如復滋傷害諸國人民之事，或再有違約之行，必須立時彈壓懲辦，否則該管之員卽行革職，永不敍用；亦不得開脫，別給獎敍。以上諭旨，現在中國全境漸次張帖。

十一、大清國國家允定將通商行船各條約內諸國視爲應行商改之處，及有關通商各他事宜，均行議商，以期妥善簡易。現按照第六款賠償事宜，約定中國國家應允勷辦改善北河黃浦兩水路其勷辦各節如左。一、北河改善河道，在一千八百九十八年會同中國國家所興各工，近由諸國派員重修，一俟治理天津事務交還之後，卽可由中國國家派員與諸國所派之員會辦。中國國家應付海關銀每年六萬兩以養其工。二、現設立黃浦河道局，經管整理改善水道各工。所派該局各員，均代中國暨諸國保守在滬所有通商之利益。預估後二十年該局各工及經管各費，應由每年支用海關銀四十六萬兩。此數平分；半由中國國家付給，半由外國各干涉者出資。該局員差並權責及進款之詳細各節，皆於後附文件內列明。

十二、西曆本年七月二十四日，卽中曆六月初九日，降旨將總理各國事務衙門按照諸國酌定，改爲外務部，班列六部之前。此上諭內已簡派外務部各王大臣矣。且變通諸國欽差大臣覲見禮節，均已商定，由中國全權大臣屢次照會在案，此照會在後附之節略內述明。

茲特爲議明以上所述各語，及後附諸國全權大臣所發之文牘，均係以法文爲憑。大清國國家既如此按以上所述西曆一千九百年十二月二十二日，卽中曆光緒二十六年十一月初一日，文內各款，足適諸國之意妥辦，則中國願將一千九百年夏間變亂所生之局勢完結。諸國亦照允隨行，是以諸國全權大臣現奉各本國政府之命，代爲聲明，除第七款所述之防守使館兵隊外，諸國兵隊卽於西曆一千九百零一年九月十七日，卽中曆光緒二十七年八月初五日，全由京城撤退；並除第九款所述各處外，亦於西曆一千九百零一年九月二十二日，卽中曆光緒二十七年八月初十日，由直隸省撤退。今將以上條款繕定同文十二分，均由諸國中國全權大臣畫押。諸國全權大臣各存一分，中國全權大臣收存一分。西曆一千九百零一年九月初七日，光緒二十七年七月二十五日，在北京定立」。

和約簽押後二月李鴻章死（十一月七日）。兩宮於同年十月二十日發自西安，而於一九〇二年一月六日還京。還京以後，又下詔變法，一如戊戌年間故事，然人心已去，事不可爲矣。逾七年德宗與孝欽先後崩殂；又三年而清社屋；專制國家女主執國政，鮮有不致亂者，謂清朝亡於孝欽之手，不爲過也。

拳匪亂時，奉天土匪焚火藥庫，攻俄鐵道衛兵，經盛京將軍增祺平定。及大沽陷，上諭宣戰後，奉天副都統晉昌，督兵燒教堂，破毀鐵嶺鐵路，掠奪洋庫，旋攻遼陽鐵路。俄鐵路技師長即命俄籍鐵路服務人員分退哈爾濱關東省等處。時滿洲三將軍皆受開戰命令，俄鐵路人員之退去者，咸受襲擊，死傷頗多。一九〇〇年七月，哈爾濱三面被攻，同時黑龍江副都統又砲擊黑龍江俄國船舶，而俄屬海蘭泡亦被華兵攻擊。黑龍江將軍壽山且分軍爲二，以一大隊阻絕黑龍江航路以一大隊由齊齊哈爾出後貝加爾占領鐵路。俄政府聞警，急委其黑龍江之軍隊進攻北滿，委關東省之軍隊進攻南滿。北滿之俄軍分四路進攻。西方支隊由後貝加爾沿呼倫貝爾進齊齊哈爾。中央支隊由海蘭泡沿愛琿而進齊齊哈爾。東南支隊沿阿什河鐵路進寧古塔。西方支隊沿鐵路進攻。完工、額客兒之戰，我軍皆敗績。俄軍旋進迫齊齊哈爾，而與中央支隊會合。先是中央支隊恐海蘭泡中國商民與瑷琿官軍通聲氣，遂挾槍炮威迫我男女老弱三千餘人投黑龍江而死。瑷琿之戰，我軍敗北，俄中央支隊又占墨爾根，進陷齊齊哈爾，將軍壽山死之，西方支隊遂與中央會合於此。自是次第進占長春吉林鐵嶺等處。至俄軍東北支隊，亦同時進軍，陷三姓城解哈爾濱之圍，又占領阿什河。東南支隊未幾亦占寧古塔，再向吉林出發，而與中央支隊相合。至於進攻南滿之關東俄軍，亦連戰皆勝，旋據奉天。自是南北滿洲之俄軍會合，東三省全被俄軍佔領矣。

俄國百年來一貫政策，即在乘中國有內亂外患之際，以小惠易大利。既佔東三省後，遂示好於中國，於聯軍入京後十日，向各國發出宣言云：「此次聯合軍意外迅速，得救出列國公使於重圍中，且驅逐北京附近暴徒，其主要目的已達。今俄國政府對於北京事件之善後政策，具四要旨：一、維持中國之共同一致；二、維持中國之從前國家編制；三、排除分割中國之諸原因；四、各國協同恢復北京中央政權，以維持國內之安寧秩序。以上諸點，想列國皆同。惟俄國以海蘭泡受砲擊之故，向滿洲出兵，實出於一時保護鐵路起見，斷非有特別行動，將來滿洲恢復秩序之後，俄國即當撤兵。現欲謀北京善後，須合列國協同之力，恢復中央政府。今中國皇帝蒙塵，大臣扈從，則此目的，不容易達。俄國政府以爲中國皇帝既不在都，則公使無駐北京之理，將命俄國駐北京公使，協同俄國軍隊，退返天津。俟中國政府恢復實力，與列國開談判時，俄國當與列國一致，委任全權委員，協商前途。關於此事，希望各國政府共表同情」。

各國對於俄國提議，當然不願接受，於是俄使復由津返京。俄國欲將既成事實求一條約根據，於是乘盛京將軍增祺派道員周冕赴旅順，面商之時，由俄海軍提督阿列克希甫（Alexcief）派交涉總管闞洛斯托維次（Korostovetz）與之締結暫且章程九條（一九〇〇年十一月七日）。其文曰：「第一條增將軍回任後，應任保衛地方安靜，務使興修鐵路毫無攔阻損害。第二條奉天省城等處現留俄國駐防：一爲保護鐵路，二爲安堵地方。將軍及地方官等應與俄官以禮相待，並隨時盡力幫同，譬如住宿處所，及採買糧料等事。第三條奉省軍隊聯絡叛逆拆毀鐵路，應由奉天將軍所有軍隊一律撤散，收繳軍械；如不抗繳，前罪免究，至俄隊未得之軍器庫所存各軍裝槍砲，統行暫交俄武官經理。第四條奉天各處俄軍未經駐紮砲台營壘，由華員偕俄官前往當面一併拆毀。若俄員不用火藥庫，亦照前法辦理。第五條營口等處，俄官暫爲經理；俟俄廷查得奉省確實太平，再許調換華員。第六條奉天通省城鎮，應聽將軍設立巡捕馬步各隊保護商民。其餘屯堡，亦一律照辦，統歸將軍主政，人數多寡，携帶鎗械，另行酌定。第七條瀋陽應設俄總管一員，以便辦理，奉天將軍遴東總理大臣往來交涉事件。凡將軍所辦要件，該總管應當明晰。第八條將來將軍設立奉天各處巡捕馬步各隊，倘遇地方有事不足於用，無論水路邊界腹地，可由將軍就近知會俄總管轉請俄帶兵官盡力幫同辦理。第九條，前八條遇有評論以俄文爲准。以上暫且章程九條，增將軍回省立即照辦。嗣後將軍總理大臣，或遇兩國利益相等應須添改之事，再行商議酌改」。

此約無異將東三省變爲俄國保護地面，反對者當然不止中國本國。俄國又恐此約不能發生效力，又命其駐京使臣面告李鴻章，謂俄主允交還東三省，惟三將軍號令不一，勢必多延時日，請派駐俄楊使爲全權大臣，以期辦事迅速云云。鴻章爲之奏請，一九〇一年一月二日奉旨：「出使俄國大臣楊儒着充全權大臣與俄外部商議東三省接收事宜」。楊儒奉令以後，即與俄政府交涉。俄外戶兩部當以委員已經畫押爲詞，堅求批准暫章九款。儒謂暫章不廢，決難議訂正約。已而俄戶部大臣微德向儒口述正約條款十三條，較之暫約毒辣更甚。據一九〇一年一月二十七日奕劻李鴻章等電報俄戶部與楊儒密談擬定之款：「一兵費償款在京核定，鐵路償款另算。一東省我常設巡捕兵，其數須與俄商定。一簡放將軍先與商明。一每將軍處俄派文武二員，武稽巡捕兵數文佐辦鐵路等事。一滿畿暨北省各項利益不得讓他國。一滿蒙等處我不得造鐵路。一金州城歸入租界。一俄代理滿洲關稅，由我派員稽查進款。一陸進口納稅後免內地稅。一中俄借款應改每月付息。一兵費賠款未清我無權贖回東省鐵路。一俄欲購我山海關至營口鐵路，該價卽在兵費賠款內扣算所餘之數，每年應還利息卽在滿洲稅關進款內扣算。一俄保路之兵訂分期撤退」。其後與俄外部大臣拉姆斯獨夫（Lamsdorff）談判時俄方提出草約十二條。「第一條俄國皇帝願表友誼於中國，不意滿洲有開釁之事，惟待滿洲全行交還之後，中國吏治當一切復舊。第二條按照東三省鐵路條約第六條，許東清鐵路公司置兵以保護線路。現因地方未靖，不能撤兵，暫留若干，俟地方平定及中國辦到本約第四款之日爲止。第三條若遇急變，留駐之兵當以全力助中國以彈壓之。第四條此次俄國所受砲擊，華兵最甚。中國於鐵路工事未竣，火車未開以前，不得派設兵士。他日派兵之時，其數目當與俄國商定。又禁止兵器彈藥輸入滿洲。第五條爲欲保全中國地方，凡將軍大員辦事有不協邦交者，經俄國聲訴之後，即當革職。其於滿洲內地設馬步巡捕，亦當與俄國商定數目。除軍械炮火供差以外，不得用他國人員。第六條中國應照前允之議，凡中國北境海陸軍，不得聘用他國人訓練。第七條爲欲保全地方，租地條約第五款所載隙地，當由地方官別立專章；並廢除專條第四類金州自治之權。第八條中國國境各處，及滿洲蒙古新疆之塔爾巴哈台，伊犂，喀什噶爾，葉爾羌，于闐等處路鑛，及他項利益，非經俄國允許，不得讓與他國或他國人。並非經俄國允許，中國不得自行造路。又除牛莊以上，不得以地租與他人。第九條此次俄國軍費當由各國賠款一併償還。至其數目，及還清限內抵押之物，與各國會同辦理。第十條毀損鐵路及公司工程師，及被刦財產，就延工事等償欵，當由中國與鐵路公司協商照賠。第十一條上條賠欵議定之後，當以別種利益爲抵押之法，或酌改舊約，或別讓利益。第十二條中國應照前允成議，由俄國造一鐵路直至長城。其幹路或枝路，得向於北京。此事照現行鐵路條約辦理。此約較之微德口頭提出之約略有增刪，然其損害中國主權如故。草約原來秘密提出，後被各國探悉，皆先後向中國提出警告，大致謂「北京和議未完以前，中國不可將國家重要財源，先與一國作抵」。日本則謂「中國若批准該約，是自開瓜分之端」。各省督撫及駐外使臣紛紛電奏，皆以堅持不畫押爲害較輕。蓋不遽畫押，僅只激怒於俄，畫則群起效由分據，其禍尤速。俄國見有阻力，乃於一九〇一年三月十二日將原稿刪改。北境水師不用他國人訓練全款刪去一也。刪金州自治之權廢除一句，二也。刪滿蒙及新疆塔伊略噶葉和于闐等處礦路，及他項利益不得讓他國人一節，三也。刪蒙古新疆各地名，改爲滿洲全境，四也。滿洲禁我造路及租地與人兩節均刪，五也。禁運軍火加照公約句，即允我與公約同時起止，六也。路工未竟不設兵隊，改爲應與商定駐兵地方，即允我不設兵隊專指鐵路邊旁而言，七也。俄外部告楊使云：現改款經我君核准，即爲定章，限十四天畫押，逾期則作罷論。則滿見中國仍未畫押，知恫嚇方法至此無用，乃於四月十六日宣布東三省議約旋又停商緣由：首敘東三省肇釁，及京津劃亂，會議公約，俄屢襄助中國情形；次言撤兵交地總須訂約；末言各國既因此約之故，大與中國爲難，俄雖欲撤兵，不克速辦。交地一節，應俟中國事定，京津立定自主政務，力量稍强，保無後患，方可再提。至目下辦法，俄廷仍不改屢次聲明宗旨，以保安邊界，而靜候事機云云。

俄國雖將所提草約作廢，然其對於滿洲侵略政策，絕不因此中止。同年九月七日北京和約畫押，兩宮在西安頒布上諭暫不回鑾，俄國便以北京主權尙未確定爲藉口，聲明繼續佔領滿洲。李鴻章始終主張聯俄者也，又與俄使協商，所商內容，外間傳說不一，其條件大致如下。一、俄國將滿洲及牛莊與山海關鐵道，交還中國，但中國不得將該鐵道之保護權委與他國人。二、俄國以本年內撤退盛京省之兵。三、俄國以兩年內漸次撤退吉林黑龍江之兵。四、滿洲軍隊用俄國將校訓練。關於牛莊鐵道交還條約則爲：一、牛莊鐵道交還中國後，自後該鐵道不得受他國干涉。二、日、英二國軍隊，不得由此鐵道輸送。三、將來中國若築此鐵路支線，須先得俄國同意。四、該鐵道不得渡遼河與阻害俄國商業上之利益。五、俄國對該鐵道所費一切費用，由中國支償。此次密約較之前次密約，可謂大人讓步。惟不久李鴻章病故，此約又作廢。

當時各國屢次催促俄國撤退滿洲軍隊，俄國始終遷延不應。其中最關心者英日兩國，因此兩國在一九〇二年一月三十日締結英日同盟條約六條，互相承認中韓兩國之獨立，該兩國不爲侵略趣向所牽制；但兩國之利益若受侵害，兩國各得執行必要之手段。此約發表以後，俄國以該同盟是對俄國而發，誠恐其結果有害遠東俄國勢力之權衡，遂將俄法同盟關係擴張至遠東方面。於三月十二日向各國發表宣言如下：俄法兩同盟國政府，以保持遠東現狀，及全局之和平爲目的，對於一千九百二年一月三十日之日英協約，確信其以保全中韓兩國領土，及商業上兩國門戶開放爲其基礎；與俄法兩國從來主張之諸原則，不相違異，表示十分滿足。俄法兩國政府，尊重上述諸原則，爲兩國在遠東特別利益之保障。若因第三國侵略行動，或中國所生騷擾，致中國之保全與其發達，不能鞏固，因之兩締盟國特別利益受侵犯之時，兩國政府得取防禦之手段。」

由日英同盟條約之締結，因而促進中俄條約之畫押。中俄兩國於同年四月八日在京訂立交收東三省條約四條，其文如下。「第一條大俄國大皇帝願彰明與大清國大皇帝和睦及交誼之新證據，而不顧由東三省與俄國交界各處開仗攻打俄國安分鄉民各情，允在東三省各地歸復中國權勢，並將該地方一如俄軍未經佔據以前，仍歸中國版圖及中國官治理。第二條大清國國家今自接收東三省自行治理之際，申明與華俄銀行於華曆光緒二十二年八月初二日，即俄曆一千八百九十六年八月二十七日所立合同年限及各條款，實力遵守，並按照該合同第五款，承認極力保護鐵路暨在該鐵路職事各人，並分應保護在東三省所有俄國所屬各人及該人各事業。大俄國國家因有大清國國家所認以上各情，允認如果再無變亂，並他國之舉動亦無牽制，卽將東三省俄國所駐各軍陸續撤退。其如何撤退開列於後：由簽字畫押後，限六個月撤退盛京省西南段至遼河所駐俄國各官軍，並將各鐵路交還中國；再六個月，撤退盛京其餘各段之官軍暨吉林省內官軍；再六個月撤還其餘之黑龍江省所駐俄國各官軍。第三條大清國國家暨大俄國國家，爲免華歷光緒二十六年，卽俄歷一千九百年變亂後來再行復熾，且此變亂皆屬中國駐紮於俄國交界各省之官兵所爲，今令各將軍與俄國兵官會同籌定，俄兵未退之際，駐劄東三省中國兵隊之數目及駐劄處所，中國允認除將軍與俄國兵官籌定必須數勦辦賊匪彈壓地方之用兵數外，中國不另添練兵。惟在俄國各軍全行撤退後，仍由中國酌核東三省所駐兵數，應添應減，隨時知照俄國國家。蓋因中國如在各該省多養兵隊，俄國在交界各處，亦自不免加添兵隊，以致兩國無益而加增養兵各費也。至於東三省安設巡捕及綏靖地方等事，除指給中國東省鐵路公司各地段外，各省將軍敎練專用中國馬步捕隊，以充巡捕之職。第四條大俄國國家允准將自俄歷一千九百年九月底，即華歷光緒二十六年閏八月間起，被俄兵所佔據並保護之山海關、營口、新民廳各鐵路，交還本主。大清國國家允許：一、設有應行保護該鐵路情節，則專責成中國保護，毋庸請他國保護修養，並不可准他國佔據俄國所退各地段；二、修完並養各該鐵路各節，必確照俄國與英國一千八百九十九年四月十六日，即華歷光緒二十五年三月十九日所定和約，及按照一千八百九十八年九月二十八日，即華歷光緒二十四年八月二十五日，與公司所立修該鐵路借欵合同辦理，且該公司應遵照所出各結，不得佔據，或藉端經理山海關、營口、新民廳鐵路；三、至日後在東三省南段續修鐵路，或修支路並或在營口建造橋樑遷移鐵路盡頭等事，應彼此商辦；四、應將大俄國國家交還山海關、營口、新民廳各鐵路，所有重修及養路各費，由中國國家與俄國國家商酌賠償，俄國因此項未入大賠欵內。

此約簽訂以後，俄國發表一種附帶宣言，述其庚子事變以來其行動之合理，將來中國與列强如不加以防礙，俄國必遵約撤兵。但在宣言末尾則云：「經過去二年間之事變後，遠東和平恢復及兩國友誼關係均已有進步之希望；雖然，中國政府若違約破壞上述條件之時，帝國政府則不能再受滿洲協定以及事變以前宣言之束縛，解除對於將來所生結果之責任，乃出於不得已也」。早已預伏其不撤兵之根，而造成日俄戰爭之遠因。按照此約，俄國當在畫押後六箇月撤退盛京省西南段至遼河所駐俄軍，並將各鐵路交還中國，此節俄國因遵約履行。迨至一九〇三年四月應撤退盛京其餘各段及吉林省內俄軍時，俄國駐京使臣更向我國外務部提出新要求七欵：一、中國不得將東三省之地，讓與他國或租貸與他國。二、自營口至北京電線，中國亦許俄國別架一線。三、無論欲辦何事，不得聘用他國人。四、營口海關稅宜歸華俄道勝銀行收儲，稅務司必用俄人，并以稅關管理檢疫事務。五、除營口外，不得開爲通商口岸。六、蒙古行政，悉當仍舊。七、北京事變以前，俄國所得利益，不得令有變更。

上述要求內容，當時傳聞雖有不同，然不外封鎖滿洲門戶，將滿洲置於俄國勢力之下。各國得悉此種要求以後，美國首先對俄提出抗議，以其有違門戶開放主義；日英兩國亦同時抗議。當時俄國表面否認此種要求，而暗中強迫中國承認。三國同時向中國警告，美國更勸中國開牛莊、奉天大東溝爲通商口岸。所以同年十月八日中日商約開奉天大東溝，中美商約開奉天安東爲通商口岸，與俄使所提要求之第五欵針鋒相對。俄使見大勢不佳，將要求撤回。然至六月又向我國外務部提出新要求五款：一、擴張華俄道勝銀行之營業權，凡東三省中國經營之事業，悉由該銀行貸給資金。二、營口稅關事務，今後二十年委托華俄道勝銀行管理。三、奉天吉林兩府交涉局，由中俄兩國委員組織，關於兩省之政治、軍事、經濟、衞生、司法等事，相互協商辦理。四、由北京至張家口，經庫倫達恰克圖之蒙古鐵道，歸華俄道勝銀行修造。五、西藏西北部行中俄協同行政制度。此種要求提出後不久，俄國在旅順舉行俄國駐紮遠東官吏大會，決定對於遠東問題方針。駐京俄使列席此會以後，曾向我國外務部宣稱：「俄國鑒於東三省現況，縱令列國干涉，斷不能無條件撤兵，雖因此事與日本開戰，亦所不辭」。八月十二日俄皇設置遠東都督「位尊於昔謂之總督巡撫，不受各部節制，得專主文武各政，統治黑龍江關東一帶凡有鐵路地方：言明比照一千八百四十五年初轄高加索地方新例，以現任關東巡撫兼水師提督之阿列克希甫充其職」。則在當時已將俄國在遠東之行政軍事外交概歸此都督一人管理。所謂遠東，當然不僅包括東三省而已所以俄國援用業已逾期之俄韓採伐森林條約，而以鴨綠江兩岸採伐林木之事讓與俄國退職軍將裴夙勃臘若甫（Bezobrazov）承辦，是爲日俄戰爭之導火線。日本於一九〇四年二月十日宣戰後宣布對俄交涉之經過云：

「夫維持韓國之主權土地，藉以保護日本在韓所享之優越利益，日本帝國至爲注意。故於俄人使韓國陷於危險之舉動，實不能置若罔聞。且俄國嘗與中國訂約，又曾向各國一再聲明無他，而乃絕不顧忌，既永佔滿洲，且欲侵略韓國，甚可嫉也。若滿洲果爲俄國所併吞，韓國主權自難保矣。日本以保全維持東亞永遠之和局，願將日俄在滿韓所享利益，與俄國和衷商議，期免枘鑿。去年七月，嘗以此意告之俄人。而俄人初亦允之，因於八月十二日，飭帝國駐俄公使與俄政府會議大綱，今特錄要如左：第一條日俄各相允約，務須保全中韓兩國之主權土地。第二條凡在中韓之各國商工事業之機會均等主義，日俄亦願遵守無違。第三條俄國允認日本在韓所享之優越利益，日本允認俄國於東三省鐵路已享之特殊利益，日俄並允爲保護地方開布利益，如採其適當措置，惟不得違背第一條之宗旨。第四條俄國允認日本在韓權利，俾其輔助韓國，得以整飭政務。第五條將來推展韓國鐵路以入奉天，使榆關營口軌道，可以接聯中韓兩國鐵路，俄國允不阻礙。初日本政府欲令駐俄日使與俄政府會議速結，而俄政府藉詞俄皇之出巡，不允在聖彼得堡開議，因改於東京會商。十月三日，俄政府賚送覆文，於保全中國主權土地以及各國在中韓之商工事業機會均等一節，均爲駁斥。欲令日本聲明對滿洲及沿海一帶，不稍干涉，且俄人欲牽制日本在韓舉動，使之不得自由。卽如日本爲保護在韓利益隨時可以派兵一節，俄國始允而終拒之。且欲將韓境北緯三十九度迤北作爲中立地帶之事，商於日本。夫俄國嘗言不敢侵佔滿洲，何至今不願以第一條第二條列入此次應商之條款乎？日本於滿洲有鉅大之商務利益，固欲助長之，推廣之。且按日本政治關繫而論，以韓國較滿洲尤爲重要，不容置於日本勢力範圍之外。於是日本遂將俄國所商，決意駁斥，以此意告之俄國，並將俄國所覆條欵，詳妥酌擬。至如中立地帶，倘有必須劃定者，可在中韓兩國交界劃分，距離相等，如各以五十基羅米突爲中立地帶之限是也。至十月三十日。條欵遂定，遂交與俄國政府。自後日本政府屢催俄國覆文，至十二月十一日，俄始答覆，而所覆各條，於東三省之事，一概删除。以爲彼此所商，僅爲在韓國有所關繫之件。仍執定遇有軍務不得佔用韓國之地爲言，而堅持劃定中立地帶之議。夫日本政府數月以來，與俄國之開議，意在和衷商權，平均彼此在滿韓所享利益，消弭兩國嫌隙。而俄人於滿洲之事，置之不答，實與初時本旨相背。然日本意猶未已，於十二月二十一日，仍向俄政府妥商，惟將遇有軍務限制佔用韓國之地一節作廢，並删設立中立地帶之條，並駁俄政府所言在滿洲劃定中立地帶爲不可行，亦當於韓國一律照辦。俄國政府最後所覆，一月六日送至東京，並請將下開一節，添入會商條欵之內；日本可允認將滿洲及沿海一帶爲俄國勢力範圍，至日本及各國與中國現行條約所得權利，俄國並不阻礙，惟不得在東三省設立他國租界。俄人所商各條，仍列劃定中立地帶，及不得爲軍務起見佔用韓國界地兩節，以爲抵制。是俄國明知日本不允此條欵，而尙謂如無此項條欵，所議別欵概不能允，甚不解也。至於保全滿洲領土一節，俄國之覆文，則未之及，然若不明訂保全土地之條，而所允別欵，亦無裨於實際。大條約所有權利，因與國家主權相需而存，然俄國若果併吞滿洲，與中國有約，各國在滿洲所享之權利，亦即消滅。故日本政府酌定保全東三省領土一節，必令俄人切實允諾。至於限制設立外國租界一事，亦與中日續訂通商航船條約所載，頗有窒礙，故將此條限制刪除。至有關韓國各條，實無可以退讓，仍須執定前議，乃於本年一月三十日催詢覆文，仍無所答。日本與俄開議，始終以謙抑平和爲主，而俄政府固執己見，凡我所商酌者，遽行駁斥。且旣推延不答，又復整理海陸兵備，派遣大隊赴韓。日本雖欲保全和局，而俄政府似此舉動，實不啻迫其決裂者也。至是而會商之議遂絕」。

俄國歷在瓊琿事件伊犂事件中所用之策術，至是竟無所用之。然尙恃其地廣人衆，與其新近建築之西比利亞鐵道，暨超過對方之海陸軍，孰知陸海兩面皆一敗塗地。自一九〇四年二月宣戰起至一九〇五年六月美國調停止，戰爭五十六箇月，終在一九〇五年九月五日締結朴資茅斯條約其中有兩條特別關係中國。第五條俄國政府以中國政府之允許，將旅順口大連灣並其附近領土領水之租借權內一部分之一切權利及所讓與者，轉移與日本政府，俄國政府又將該租界疆域內所造有一切公共營造物及財產，均移讓於日本政府。兩締約國互約，前條所定者，須商請中國政府允諾。日本政府允將居住前開各地內之俄國居民之財產權，當完全尊重。第六條俄國政府允將由長春（寬城子）至旅順口之鐵路及一切支路，並在該地方鐵道內所屬之一切權利財產，以及在該處鐵道內附屬之一切煤礦，或鐵道利益起見所經營之一切煤礦，不受補償，且以清國政府允許者，均移讓於日本政府。兩締約國互約前條所定者，須商請中國政府承諾」。同年十二月一日中日協定第一款「中國政府將俄國按照日俄和約第五款及第六款允讓日本國之一切，概行允諾」。

自是以後，俄人遂不得不專屬意於蒙古新疆。一九一一年二月十六日突向我外務部提出要求六項；且附帶聲明，此六項要求如有一不允，俄國政府即不認中國政府有維持善鄰之意，將取自由行動云云。其六項要求爲：一、一八八一年（光緒七年）之伊犂條約，及其他國際條文，皆除國境五十俄里外，俄國政府制定國境之稅率，不受制限。國境彼此五十俄里內，兩國領土內之產物及工業品皆無稅貿易。二、在中國領土內之俄國臣民，關於行政裁判，歸俄國官憲管轄。若兩國人民之民事訴訟，歸中俄混合裁判所審鞫。三、蒙古及天山南北諸地方，俄國臣民得自由移轉居住，不受任何獨占及禁止之防害，且一切商品，皆為無稅貿易。四、俄國政府已設領事館地方之外，更於科布多、哈密、古城三處有設領事之權。此權利之實行，雖應與中國協商，然是等地方兩國人民屢起訴訟，足見實行此權利之不容稍緩。五、中國官吏須認俄國領事對於管區內之權能。關於兩國人民訴訟，不得拒絕俄國領事會審。六、俄國於伊犁、塔爾巴哈台、庫倫、烏里雅蘇台、喀什噶爾、烏魯木齊、科布多、哈密、古城、張家口等處，皆有設領事館之權。俄國人民對於是等地方，有購置土地建築房屋之權。俄國限在同年三月二十八日答覆，外務部迫於勢，不得已於期限滿之前一日概予承認。

第四章 外蒙事變

外蒙與西比利亞壤地相接，俄人圖謀吞併，由來久矣。清末曾利用俄屬之布里雅特人，潛令出入外蒙，引誘勾結，助以槍械，唆使蒙人叛華親俄。同時更對於庫倫活佛哲布宗丹巴常遣使節往還，贈送財貨珍物，以結其心，因此活佛亦漸入俄人彀中。一九一一年（宣統三年）武漢未起事前，俄人已派人至蒙遊說，慫恿獨立。旋蒙人舉杭達親王為代表赴俄締結密約，求其保護。迨武漢事起，各省響應，外蒙遂亦宣布獨立。駐京俄使乘機向我外務部提出下列要求：一、中國政府須承認俄人自庫倫至俄邊境有建築鐵路權。二、中國政府須與蒙古訂約，聲明下列三項：甲、中國不得在外蒙駐兵；乙、中國不得在外蒙殖民；丙、蒙人自治，受辦事大臣管轄。三、中國所有統治外蒙主權，改隸辦事大臣；中俄交涉，仍由兩國政府協商。四、俄政府飭領事官協助擔保蒙人對於中國應盡之義務。五、中國如欲在蒙有所改革，須先徵俄國同意。

外蒙雖因俄人煽動而獨立，然在實際上毫無準備；財政固須完全仰給於俄人，而軍隊器械不全，亦難爲戰守之用。所以只賴俄人虛張聲勢，四處傳播內犯消息，其實不但蒙人恐懼中央興師問罪，即俄人亦恐中國出兵，俄國陰謀便歸完全失敗。於是一方面招集匪徒防守各地，一方面由活佛分命四部，各徵兵一萬，由俄人擔任教練，並向俄國購槍炮子彈。此時俄人一方面用種種方法阻止中國出兵，一方面恫嚇外蒙，謂中國將欲出兵征討，蒙古購械借款，須以各路金礦作抵押並訂明須聘用俄人爲財政顧問，並於聘用合同內載明各項用款，須先經顧問核准。同時更命俄人辦理蒙古國家銀行，鑄造貨幣發行鈔票，惟須以全蒙礦產作抵押。由是外蒙無形中已成爲俄國之附庸。

此時中央因革命軍起，對於外蒙問題，無暇兼顧。民國臨時政府成立，又因南北統一問題，亦未與俄國開始交涉。俄政府乘中國國亂未定之時，於一九一二年（民國元年）九月密派前駐京俄使赴外蒙與所謂外蒙政府私訂蒙俄協約，通商章程，開礦合同，築路條約，電信條約等約文，以爲將來要挾中國地步，一九一二年十月二十一日（十一月三日）在庫倫簽訂俄蒙協約四條。第一條帝國政府扶助蒙古，保守現已成立之自立秩序及蒙古編練國民軍，不准中國軍隊入蒙境，及以華人移殖蒙地之各權利。第二條蒙古元首及蒙古政府准俄國屬下之人及俄國商務，照舊在蒙古領土內享用此約專條所有各權利及特種權利，其他外國人自不能在蒙古得享權利，加多於俄國屬下之人彼得享之權利。第三條如蒙古政府以爲須與中國或別外國立約時，無論如何其所訂之新約，不經俄國政府允許，不能違背或變更協約及專條內列條件。第四條此友誼協約，自簽押之日實行，兩方全權將此協約俄蒙文平行繕備兩份，校對無訛，簽押互換爲記。

俄與外蒙私訂條約，後爲中央政府所聞，外交部乃於同年十一月二日，以公文致俄使，提出抗議謂：「蒙古爲中國領土，現雖地方不靖，萬無與各外國訂立私約之資格。並特正式聲明，無論貴國與蒙古訂立何種條款，中國政府概不承認云云」。翌日俄使特訪外交總長梁如浩於外部，出示私約全文，并達其本國政府之命曰：「俄蒙訂結條約，實出於事情之不得已」。俄與中國商議蒙古問題，疊經歲月，而貴國迄置不問。俄國在外蒙之商業及其他種利益，因之大受影響，不得不政事保護。且庫倫活佛哲布宗丹巴提倡獨立，自行政治，爲外蒙實際上之政府，故俄國政府與之訂立條約。惟措辭甚慎，始終並未提及蒙古脫離中國之語。望貴國政府對於條件中之主旨，克表同情。不幸而不得貴國之贊成，惟有設法維持條件中之主旨，其大概不外屢次與貴國提議之三端即：中國在外蒙不殖民，不駐兵，不派官是也」。梁氏答曰：「中華民國，繼承前清之權利，外蒙古仍爲中國之一部分，不能擅與外國訂約，此當然之事也。中俄兩國，素敦邦誼，此次貴國與外蒙訂立條約，實難視爲友誼之舉動。我國對於貴國各種交涉，向以和平爲主，今乘中國多事之秋，而迫我權利之讓與，當知貴國所不爲；乃忽承認外蒙之獨立，殊所不解。要之，外蒙之事，全屬內政問題，中國自有相當之辦法，決不受第三者之干涉。本部昨已聲明，凡外蒙與外國所結之條約無論何種，萬難承認。正式答覆，容再致送」。越日，復送公文於俄使大旨謂：「提倡獨立者，僅外蒙之一部而非蒙古全部。現如章嘉呼圖克圖，其勢力本不讓於活佛哲布宗巴丹，彼已來京，表忠誠於民國。貴國以爲漢蒙關係，屬前清之事，今爲民國，當劃然分離；殊不知民國之組織，由五族協同而成一國，蒙古之關係當然如舊。俄蒙條約，斷難承認云云」。梁氏旋辭職，陸徵祥繼之，與俄使談判亘八月，於一九一三年（民國二年）五月訂立協定草案六條。俄國承認蒙古爲中國領土完全之一部分；中國擔任不更動外蒙歷來所有之地方自治制度；中國聽由俄國調處，並允將外蒙商務利益給與俄民。此協約草案經衆議院通過，而被參議院否決。俄使聞之乃推翻前議，另提大綱四條。一、除內蒙古地方外，中國承認蒙古之自治及該地方由自治上生出之權利。二、俄國承認中國爲蒙古之上國，並承認其相連之權利。三、中國願聽調處，查照本協約一九一二年十月二十一日俄蒙協約所載之本旨，以定其與蒙古政府後來之辦法。四、凡關繫中國俄國在蒙古之利益，爲該地方之新局面而發生者，由中俄政府日後商議。

陸徵祥因此辭職，孫寶琦繼任外長，繼續交涉，卒於是年十一月五日締結協定五款，另聲明四款。協定之文云：「一、俄國承認中國在外蒙古之宗主權。二、中國承認外蒙古之自治權。三、中國承認外蒙古人享有自行辦理自治外蒙古之內政，並整理本境一切工商業之專權；中國允許不干涉以上各節，是以不將兵隊派駐外蒙古及安置文武官員，且不辦殖民之舉。惟中國可任命大員偕同應用屬員，暨護衛隊，駐紥庫倫。此外，中國政府亦可酌派專員駐紥外蒙古地方，保護中國人民利益，但地點應按照本文件第五款商訂。俄國一方面擔任除各領事署護衛隊外，不於外蒙古駐紥兵隊，不干涉在此地之各項內政，並不在該境有殖民之舉動。四、中國聲明承認俄國調處，按照以上各款大綱，以及一九一二年十月二十一日俄蒙商務專條，明定中國與外蒙古之關繫。五、凡屬於俄國及中國並在外蒙古之利益，暨各該處因現勢發生之各問題，均應另行商訂」。

聲明之文云：「一、俄國承認外蒙古爲中國領土之一部分，二、凡關於外蒙古政治土地交涉事宜中國政府允與俄國政府協商，外蒙古亦得參與其事。三、正文第五款所載隨後商訂事宜，當由三方面酌定地點，派員代表接洽。四、外蒙古自治區域，應以前清駐紮庫倫辦事大臣烏里雅蘇台將軍及科布多參贊大臣所管轄之境爲限；惟現在因無蒙古詳細地圖，而各該處行政區域，又未劃清界限，是以確定外蒙古疆域，及科布多阿爾泰劃界之處，應照聲明文件所載第五款日後商定」。依此協約，俄國雖承認外蒙古爲中國之領土，然僅承認其宗主權。且關於外蒙之內政與外交，中國皆無權干涉，則此宗主權之範圍從可知矣。

一九一四年（民國三年）中央政府依據前約，派畢桂芳陳籙與俄國駐庫倫總領事及外蒙委員會議於恰克圖，費時十月，至一九一五年（民國四年）六月訂立中俄蒙協約二十二款。一、外蒙古承認民國二年十一月五日之中俄協約及聲明附件。二、外蒙古承認中國之宗主權，中俄兩國承認外蒙古之自治及其爲中國領土之一部份。三、自治外蒙古無權與各外國締結關係於政治土地之國際條約。凡關於外蒙古之政治及土地問題，中國政府擔任按照民國二年十一月五日中俄聲明附件第二款辦理。四、外蒙古博克多哲布宗丹巴呼圖克圖汗之名號，由中華民國大總統册封之，外蒙古公事文件，用民國年曆，亦得并用蒙古干支紀年，五、中俄兩國承認外蒙自治官府，有辦理一切內政，及與各外國締結關於工商事宜之國際條約之權。六、按照中俄協約第三款，中俄兩國擔任不干涉外蒙古現有自治內政之制度。七、中國駐庫倫之大員，其衛隊不得過二百名。該大員之佐理專員，分駐於烏里雅蘇台科布多及恰克圖各處者，每處衛隊不得過五十名。八、俄國駐庫總領事之衛隊，不得過一百五十名，其他處已設或將來添設之領署或副領署，每處衛隊不得過五十名。九、凡遇有典禮及其他正式集會，駐庫倫之中國大員，應列最高地位。若必要時，該大員有獨見哲布宗丹巴之權；俄國代表亦有獨見權。十、中國駐庫大員及各地之佐理專員，得行使最高之監察權，俾外蒙自治官府及其屬吏之行為，不致違犯中國宗主各權利，及中國國家與人民在蒙古之各利益。十一、自治外蒙古之區域，即以歷來庫倫辦事大臣，烏里雅蘇台將軍，科布多參贊大臣所管轄之區域為限。其與中國之界線，東以呼倫貝爾，南以內蒙古，西南以新疆省之戈壁，西以阿爾泰接界之各蒙旗為界。至於中國與自治外蒙古之正式劃界，另用中俄兩國及自治外蒙古之代表協同辦理，並於本約調印後二年以內，即着手共同測量。十二、中國商人運貨入外蒙、無論何種產物，不課關稅；惟須遵照自治外蒙官府所定內地貨捐，一律納付。外蒙商人運貨至中國內地時，與中國商人一律看待；若係轉運外國貨物，則照一八八一年（光緒七年）陸路通商條約納稅。十三、凡在自治外蒙古之中國人民民刑訴訟，由中國駐庫大員及分駐各地之佐理專員審理判決。十四、自治外蒙古人民與中國人民之民刑訴訟，概由中國駐庫大員，或所派代表，或駐在各地之佐理專員，會同自治外蒙古官吏，審理判決。被告若係華人或蒙人，則在中國官員處或蒙古官署分別會同審理，犯罪者各按自己之法律治罪。十五、自治外蒙古人民與俄國人民之民刑訴訟按照一九一二年（民國元年）十月二十一日俄蒙商務專條第十六款辦理。十六、在自治外蒙古內中俄兩國人民之民刑訴訟，如俄人爲原告，中國人爲被告，則俄國領事或所派代表，得參加會審若俄人爲被告，中國人爲原告，則中國駐庫大員或代表或佐理員，亦得至俄國領事館觀審。兩方官員，均負有執行判決之義務。十七、恰克圖庫倫張家口間之電線因在自治外蒙古境內，議定爲自治外蒙古之所有物。十八、庫倫及蒙古恰克圖之中國郵政機關，照舊保存。十九、自治外蒙古給與中國駐庫大員及駐烏里雅蘇台，科布多，恰克圖佐理專員，及其衛隊屬員等必要之駐所，完全作爲中國政府所有物。二十、中國駐外蒙之各官員，使用蒙古台站時，可按照一九一二年十月二十一日俄蒙商務專條第十一款之規定辦理。二十一、一九一三年（民國二年）十一月五日之中俄協約與聲明附件，及一九一二年十月二十一日之俄蒙商務專條均繼續有效。二十二、本約用中、俄、蒙、法四文合繕，各三份，於簽字日起發生效力，四文校對無誤，將來文字解釋，以法文爲準

呼倫貝爾即黑龍江省西部之呼倫道，原有呼倫臚濱兩府，富於森林鑛產，爲中東路通過地

帶。清末俄人煽動外蒙獨立之時，並唆使呼倫貝爾蒙人亦宣布獨立。至一九一四年十一月六日要求中國締結呼倫貝爾特別區域條約，承認其地爲特別區域，而造成一種緩衝地帶。一九一七年俄國革命，蘇俄政府成立，於是外蒙形勢大爲變化。俄國赤白兩黨到處衝突，而赤黨之勢力大有侵入蒙古之危險。因此外蒙活佛與王公等大起恐慌，於一九一九年（民國八年）十一月十七日向大總統上書，請求取消自治並關於自治之中俄蒙一切條約。其文曰：「竊外蒙自前清康熙以來，即隸屬中國喁喁向化，二百餘年；上自王公，下至庶民，均各安居無事。自道光年間，變更舊事，有拂衆情，遂生嫌怨。前清末年，行政官吏污穢，衆心益懷怒怨，外人乘隙煽惑，遂肇獨立之舉。嗣經訂定條約，外蒙自治告成，然迄今數年，未見完全效果。近來俄國內亂無秩，不能統一屬地，自無保護條約之能力，而布里牙麯等，任意勾通土匪，結黨糾衆，迭派人到庫，催逼歸從。擬統一全蒙，獨立爲國，種種煽惑，形甚迫切。且唐努烏梁海向爲外蒙所屬區域，始則俄之白黨强行侵占。繼而紅黨復進，外蒙人民生計；向來薄弱，財政困難，匪可言諭；加以此等外患，實在無法辦理。本官府召集王公喇嘛等，屢開會議，咸謂近來中蒙感情敦篤，嫌怨盡泯，均各情願取消自治仍復前清舊制。凡於札薩克之權，仍行直接中央，所有平治內政，防禦外患，均賴中央極力扶救，業經博克多哲布尊丹巴呼圖克圖汗之贊成。惟期中央關於外蒙內部權限，均照內地情形，持平議訂；於中央統一權，亦不抵觸，自與蒙情相合，亦於國家有益，是我外蒙官民共所祈禱者也。至前訂中俄蒙條約，及俄蒙商務專條，並中俄聲明文件，原爲外蒙自治之所締結，今既自己情願取消自治，所有前訂各條約，當然概無效力。其俄人在蒙營商事宜，將來新俄統一政府成立後，應由中央負責，另行議訂，以篤邦誼，而挽權利。所有王公喇嘛等，聯名取消自治官府，恢復前淸舊制，期望優待緣由，理合具呈請願，伏乞大總統鑒核，恩准訓示，不勝迫切待命之至」。

外蒙自治卽於是年十一月二十二日明令取消，同時呼倫貝爾亦恢復舊制。不幸中央任用非人，內不能安撫蒙人，外不能抵禦流寇，一九二一年（民國十年）二月俄白黨，謝米諾夫部將恩琴聯合蒙匪佔據庫倫，活佛又於是年三月十三日再行宣布獨立。同時俄赤黨唆使蒙人組織蒙古臨時國民革命政府於恰克圖，聯合蘇俄軍隊於同年七月五日佔領庫倫，拘禁活佛，奉活佛之妻額爾德尼以作號召。十一月五日俄蒙雙方代表在莫斯科締結俄蒙修好條約如下：第一條蘇維埃聯邦政府認蒙古國民政府爲蒙古唯一合法政府。第二條蒙古國民政府認蘇維埃聯邦政府爲俄國唯一合法政府。第三條兩締約國負有左列之義務：一、兩締約國無論何方之領土內，不許有以反抗他方，或顚覆其政府爲目的之團體及個人存在，同時不許以與他方戰爭爲目的之軍隊，在自國民內動員，或募集義勇兵。二、不許輸入武器，或從其領土內通過於與締約國直接或間接爲戰鬥行爲之團體。

第四條蘇維埃聯邦政府派遣全權代表，駐蒙古首府，派遣領事駐科布多，烏里雅蘇台，阿魯頤蒲魯伊克（恰克圖）及其他都市。第五條蒙古國民政府派遣全權代表駐蘇俄政府之首府，派遣領事駐俄境各地方，其地點與蘇俄政府協定之。第六條俄蒙間之國境，宜於兩國政府間特定之委員會定之。第七條各締約國國民居留於締約國他方之領土內，享有最惠國國民之權利與義務。第八條各締約國之司法權，無論關於民事或刑事，在其領土內，適用於締約國他一方之國民。但基於文明與人道之原則，兩國皆不適用體刑。兩國在執行刑法上之審判及判決，若對於他之第三國與以特典時，此特典亦宜自動適用於締約國他一方之國民。第九條由兩締約國之他一方輸入或輸出之貿易品，宜納法定之關稅。但此等關稅率，不得超過由其他最惠國國民所徵之關稅。第十條蘇俄政府對於存在蒙古境內之俄國電信局及電信裝置，無償的讓與於蒙古國民政府。第十一條為增進兩國間之文化及經濟關係計，俄蒙間郵便信件之交換，及經由蒙古電信問題之解決，皆為重要；兩國對於本問題，宜特行協定。第十二條蒙古國民政府，對於外蒙古境內所有土地及建築物之俄國民，宜與以適用於最惠國國民同樣之土地所有權，及貸借權。但俄國民對此宜負擔徵納法定租稅，及賃貸費之義務。第十三條本協約以俄文及蒙古文作成二通，從簽名之日起發生效力。

一九二三年外蒙又派代表至莫斯科，於二月二十日與蘇俄政府締結密約，大旨如下：一、外蒙古當局，須宣告一切森林，礦產及土地，以後均歸國家所有；凡無人佔有之土地，均給蒙古貧民及俄國農民居住耕種。二、外蒙天然富源，禁止私有，一切礦區，許俄國實業家僱用蒙人開採。三、金鑛事業，歸俄國工會及工團承辦。四、貴族享有之土地，當卽廢止，代以蘇維埃自由交易財產制度。五、聘請俄國實業家，開發富源振興工作。六、聘請俄國專家入蒙古政府，以資指導。七、請蘇俄工會，參與創設勞力制度事宜。八、依蘇俄政府之建議，外蒙政府一切職權，悉歸國民政府之行政部施行，先設立一革命委員會，及軍事委員會，再召集會議，以便制憲。九、蘇俄政府軍隊駐紮外蒙，協助蒙人，保全領土，以禦中國。十、活佛及蒙古王公頭銜，一律廢除，以活佛爲革命委員會委員長。

根據此約，可見蘇俄與帝政時代所執行之政策相同，並且使外蒙蘇維埃化。一九二四年（民國十三年）中俄協定第五條固規定有：「蘇俄政府承認外蒙爲完全中華民國之一部分，及尊重在該領土內之中國主權。蘇俄政府聲明，一俟有關撤退蘇俄政府駐外蒙軍隊之問題，卽撤兵期限，及彼此邊界安寧辦法，在本協定第二條所定會議中商定後，卽將蘇俄政府一切軍隊，由外蒙盡數撤退」。此乃其歷來習用之延宕政策。現在外蒙蘇維埃已成赤化東亞之中心，或亦爲將來戰爭之導火綫也。

敬啟

『民國專題史』叢書，乃民國時期出版的著名學者、專家在某一專題領域的學術成果。所收圖書絶大部分著作權已進入公有領域，但仍有極少圖書著作權還在保護期內，需按相關要求支付著作權人或繼承人報酬。因未能全部聯系到相關著作權人，請見到此説明者及時與河南人民出版社聯系。

聯系人 楊光
聯系電話 0371-65788063
2016年3月28日